靈感生活系列

無鮮勿落飯

【最是江南好滋味】

王寒 作品

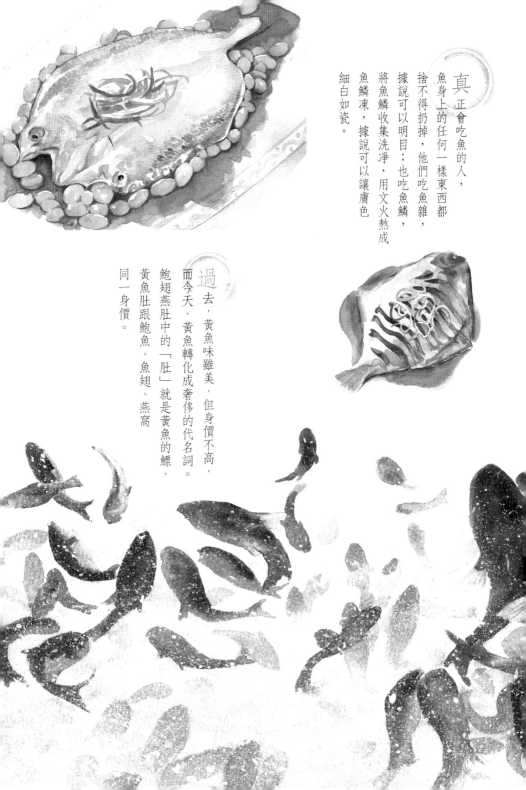

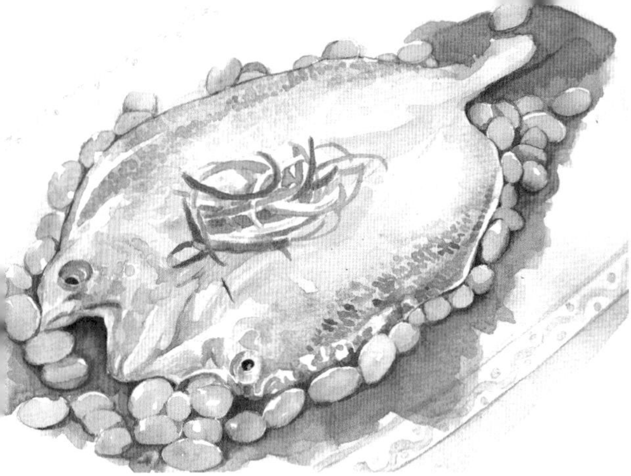

真正會吃魚的人，魚身上的任何一樣東西都捨不得扔掉，他們吃魚雜，據說可以明目；也吃魚鱗，將魚鱗收集洗淨，用文火熬成魚鱗凍，據說可以讓膚色細白如瓷。

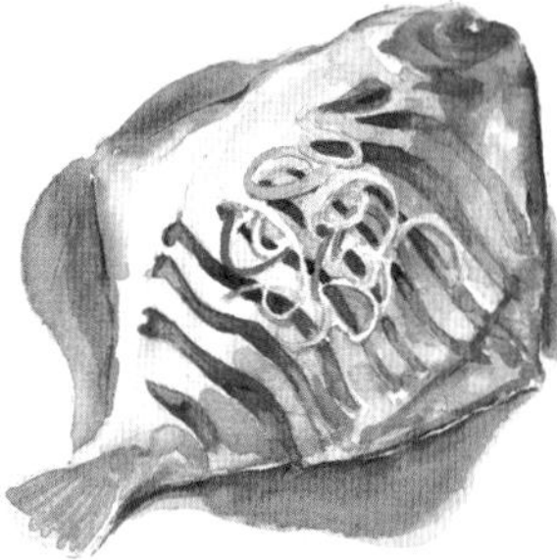

過去，黃魚味雖美，但身價不高，而今天，黃魚轉化成奢侈的代名詞。鮑翅燕肚中的「肚」就是黃魚的鰾，黃魚肚跟鮑魚、魚翅、燕窩同一身價。

明朝時，梅童魚專
做珍饈獻給皇帝膳用，
因此也稱「貢魚」。

昂刺頭燒豆腐
只需多擱香蔥、薑絲，
就可以汆出一鍋美味的湯，
那湯潔白如乳，那種鮮美，
沒法形容，謂之「奶湯」。

吃清蒸蟹時，最宜飲酒賞菊，或者說，
飲酒賞菊時，最好有蟹助興。就像古人讀書時，
偏愛拉個美女陪讀吊膀子，
還叫什麼「紅袖添香夜讀書」，謂之風雅。
而把酒持蟹螯，向來是文人狂放不羈的形象，
似乎少了菊花和黃酒，吃蟹也成了俗事。

海邊人都道沙蒜大補，
說有滋陰壯陽的功效，故稱之為海中冬蟲夏草，
我們這裡的人叫得直白，管沙蒜叫「海卵」
——說是大海的陽物，粗俗是粗俗，
不過也可見它補腎壯陽的功效不同一般。

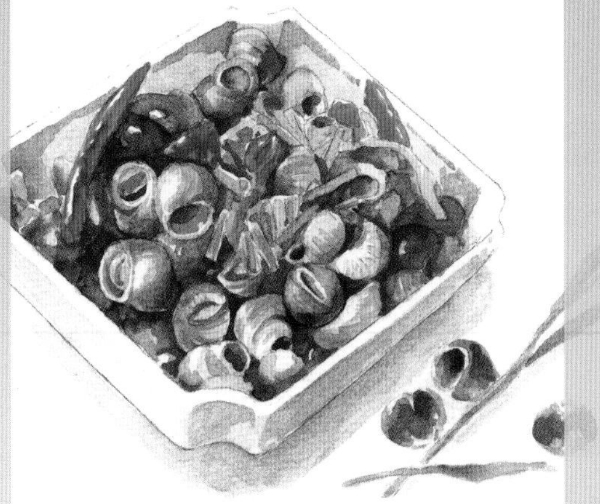

清明前的江南，細雨斜織，此時是螺螄最為肥美的時節。
有一道菜，叫春韭炒螺肉，鮮香異常。
春韭初割，油亮碧綠，與黑中帶黃的螺肉互炒，
是春天的一道時令菜。光看色彩，就容易勾人食欲。

上花雕酒，用來醉蝦最好不過，再加上鹽、醋、糖、薑、香菜等調料。
將剪去鬚腳的青殼蝦倒進漂亮的玻璃器皿中，蓋上蓋子。
蝦們受了刺激，先是蹦躂幾下，一會兒工夫就開始打醉拳了，
繼而就醉倒在盤裡。

無鮮勿落飯

目錄

Chapter 2 魚我所欲也

Chapter 3 最江南的味道

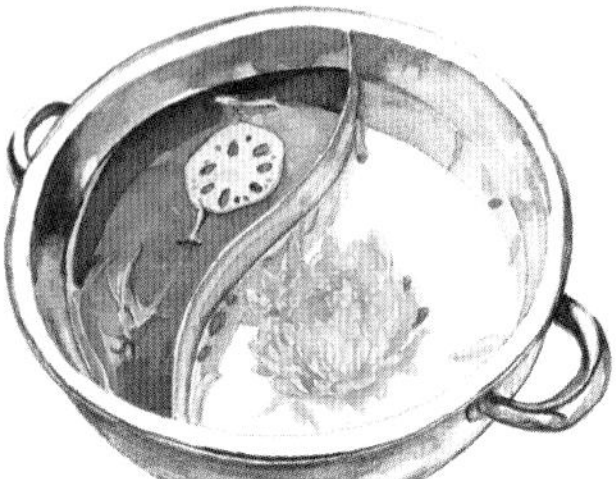

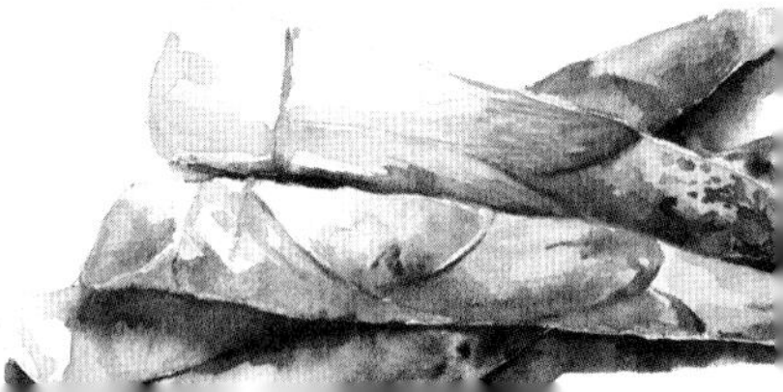

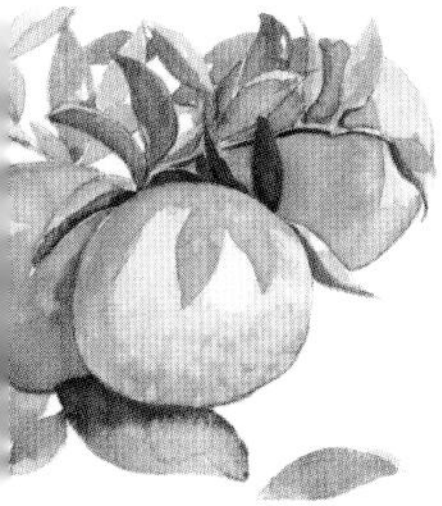

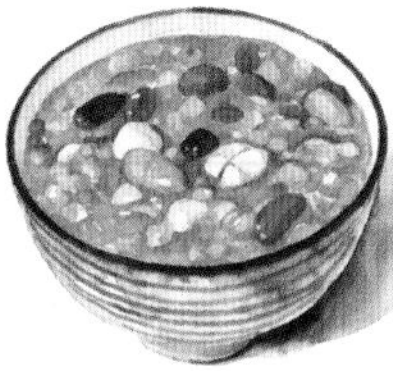

Chapter 4 味蕾上的鄉愁

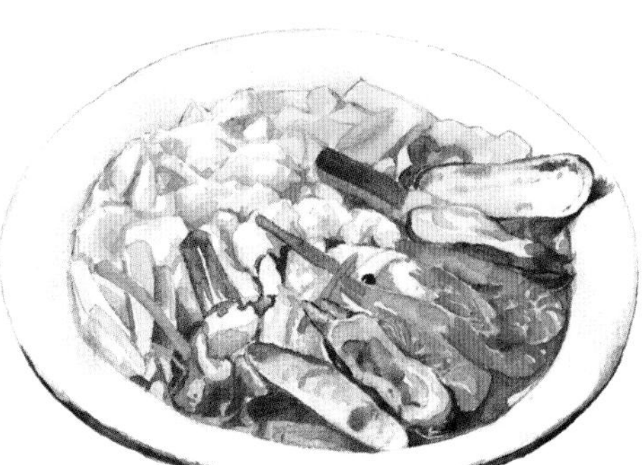

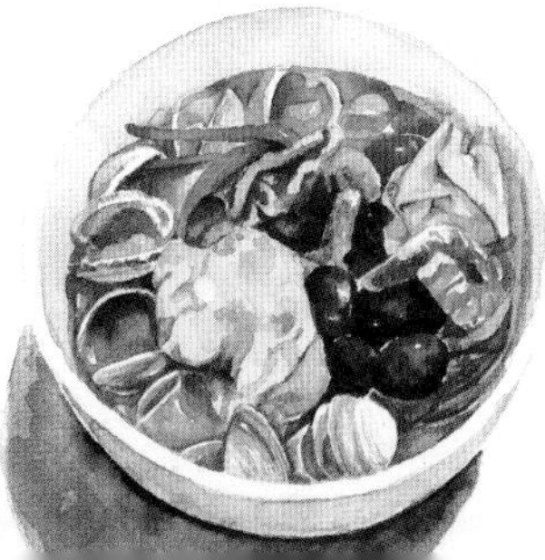

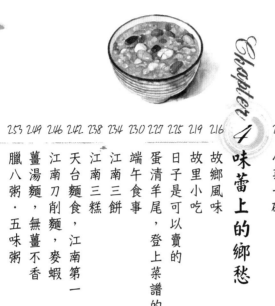

作者序

一個鮮美鮮活的江南

國人喜歡談吃，寫起美食文章來，總是活色生香，所謂「浙中清饞，無過張岱，白下老饕，端讓隨園」，除了張岱、袁枚，更近一些的，像梁實秋、汪曾祺等大家，都是飲食文章的高手，讀他們的美食文章，鮮香美味撲面而來。

美食家，通常都有一副挑剔的舌頭，還有那麼點「作」勁。因為開過美食專欄，因為《無鮮勿落飯》這本書，有人把我歸入美食家之列。實際上，我是個對吃喝不甚講究的人，走到天南地北，不管哪一地的美食，都吃得津津有味，從來沒有口味不合、食不吃味的感覺，哪怕食堂的飯菜，我亦能吃出其中的好滋味，我覺得，有一個不挑剔的味蕾有一副包容的胃，是一件挺美好的事。寫美食，實際上是我的一種生活態度——愛美食的人，通常愛生活，愛生活的人，一定會愛美食。當然，我也想借助舌尖上的美味，傳遞一地的風物與文化。

大學畢業後，我在報社度過了近二十年的時光，當過文化記者，編過文化副刊，做過晚報的常務副總編輯，出版了十本書，《無鮮勿落飯》是我的第一本美食書——得益於在報社的那段時光，讓我得以有閒心也有閒情記錄下味覺的滋味。我喜歡行走，這些年，走過中國所有的省份，走過世界三十多個國家和地區，每到一地，在感悟山水人文之美的同時，總少不了品嘗一下當地的美食。如果說，遠方和我只有一張機票的距離，那麼美食離我，只是舌尖到胃的距離。

都說一方水土養一方人，其實，一方水土也養一方的美食，吃到羊肉泡饃，你會想到西安；吃到過橋米線，會想到雲南；吃到狗不理，會想到天津；吃到鳳梨酥，一定會想到寶島臺灣。近年來，但凡到臺灣旅遊的人，誰沒有嘗過臺灣的美食，誰不對臺灣的美食念念不忘呢？臺灣是美食之城，光一個臺北，就有二十條小吃街。這些年，身邊的朋友到臺灣旅遊，除了去臺北的故宮博物館、一〇一大樓、誠品書店、阿里山、日月潭之外，少不得去當地的夜市品嘗美食，什麼滷肉飯、牛肉麵、擔仔麵、銅鑼燒、蚵仔煎、大腸包小腸、五香肉卷、炒烏魚膘、鼎泰豐小籠包、豪大大雞排、魚丸湯、三杯雞、無骨鹽酥雞、蔥抓餅、珍珠奶茶、棺材板、甜不辣、愛玉冰、鳳梨酥、牛軋糖、鐵蛋、刨冰……臺灣的這些美食，讓我們感受到了舌尖上的寶島臺灣，一個色香味俱全的臺灣。

而《無鮮勿落飯》中的美食，是最江南的風味。江南不僅是一個地理名詞，它還是一種意境，一種情懷，一種審美，一種文化上的概念，一種極富美好的召喚，江南是無可爭議的華夏文明積累最為豐厚的地區，臺灣與江南有割不斷的聯繫，在臺灣的浙江人，就有百萬之多。很高興《無鮮勿落飯》能在臺灣出版，《無鮮勿落飯》羊年四月在大陸出版後，受到讀者歡迎，短短半年間，四次重印。這是一本關於江南美食的書，南方有黛瓦白牆，桃花流水，有山野之珍，大海之味，有春初早韭，秋末晚菘。飲食與文化是水與乳的交融，飲食文化中的美食，滋補著我們的胃，而美食中的文化，又滋養著我們的心。美食之中，蘊含著美味，這種美味既來自食材本身，來自烹飪的技巧，來自於風土人情，還來自於對那片土地的感恩之情。這片江南的土地，也許你的祖輩生活過，也許你的父輩生活過，也許你的腳步深入過，也許你還不曾駐足卻心嚮往之，希望借助於《無鮮勿落飯》這本書，讓臺灣的朋友看到一個鮮美鮮活的江南，並從這些美食中，感受到江南的人文地理之美。

滋味與回憶常常會重逢，美食會喚起很多的情感，這就是美食中的人情味。臺灣詩人余光中有一首流傳於兩岸三地的詩——鄉愁是一張窄窄的船票，是一灣淺淺的海峽。其實，鄉愁有時就是舌尖上的滋味，是童年時外婆燒的飯菜的味道，是你遠離家鄉時的思念。當你走遍千山萬水，嘗遍萬千滋味時，你會發現，最入味的是家鄉的美食，最難忘的是與心愛的人一起吃過的菜，它撫慰著你的胃，撫慰著你思念的心。味蕾上的鄉愁，是最真切的鄉愁，味蕾上的思念，是最真切的思念。這些綿延千年，融於血脈中的樸素情感，常常會在思念最深最濃時爆發，讓你抹不去忘不掉，讓你才下眉頭，卻上心頭。美食讓人回味，回味的同時，又讓人惆悵，如果再加上三杯兩盞淡酒，少年情懷就會浮出水面——少年弟子江湖老。老去的是歲月，不變的是情懷。

很喜歡日本導演小津安二郎的這段話：「春天在晴空下盛放，櫻花開得燦爛。一個人留在這裡，我只感到茫然，想起秋刀魚之味。殘落的櫻花有如布碎，清酒帶著黃連的苦味。」這裡有美景有美食，更多的是人生的況味。從某種角度講，美食的滋味就是人生的滋味，美食有酸甜苦辣，人生亦如此。

王寒

二〇一五年小雪節氣於杭州

江南有黛瓦白牆，桃花流水，有山野之珍，大海之味，有春初早韭，秋末晚菘。飲食與文化是水與乳的交融，飲食文化中的美食，滋補著我們的胃，而美食中的文化，又滋養著我們的心。

浙江麗水古堰畫鄉

浙江嘉興，月河歷史街區，馬頭牆與烏桕樹。

鮮

映照著　江南的格調與生活品味

Chapter 1 無鮮勿落飯

各地方言中，都有一個字叫「鮮」。

「鮮」原指食物的新鮮和味道鮮美，但在我們這裡，

這個「鮮」別有含義，主要表現為得意忘形、不知含蓄，

同時還含有一點顯擺、賣弄的意思。

海鮮海鮮，就圖個鮮字。

但是，以我的眼光來看，光一個鮮字還不夠。

我認為，吃海鮮有三重境界：一曰鮮美，二為肥美，三是甜美。

我們南方人味蕾敏感而細膩，看餐桌上有無鮮物，不看紅肉，

而是一看時令的菜蔬，二看桌上海鮮有多少。

因此，海邊人有「無鮮勿落飯」的說法。

也是，餐桌上若沒幾樣海鮮，叫人咋吃得下飯呀！

靠海吃海

章太炎夫人湯國梨喜歡吃蟹，
有「不是陽澄湖蟹好，人生何必住蘇州」的感嘆。
我喜歡吃海鮮，
也想鸚鵡學舌說上一句：
「不是此地海鮮好，人生早已住杭州。」

蘇州的朋友出差來看我，我盡地主之誼，請他吃海鮮。在海邊的夜排檔，他喝多了酒，在我面前咿呀咿呀地開唱：「獺狐（太湖）美呀獺狐（太湖）美，美就美在獺狐（太湖）水，水上有白帆哪，啊水下有紅菱哪，啊水邊蘆葦青，水底魚蝦肥。」我說你別啊啊的，我順手拿起兩根筷子，敲打著酒杯，念出一首我們當地的民謠《月節魚名》：「正月雪裡梅（梅，指梅童魚），二月桃花鯔，三鯧四鰳，五呼六淡（呼，指呼魚；淡，指彈塗），七月沙魚鮮，八月白蟹板，九月黃魚節加節，十月田蟹呷老酒，十一月湖裡鯽，十二月帶魚熬菜頭吃勿息。」——意思再明白不過了，你「獺狐」再美，無非是紅菱呀湖魚湖蝦，咱們這裡，有雪裡梅，有桃花鯔，還有黃花魚，口福比你們好多了。

江南的江鮮、河鮮、湖鮮和海鮮，都值得一誇。但我以爲，最值得誇的是海鮮。

對一個好吃的人來說，人生之福，很大程度體現在口福上。所謂口福，就是味蕾上的幸福指數。

江南人味蕾上的幸福指數，那是相當高。

江南諸城，盛產海鮮的地方不少，像寧波、舟山、溫州、台州等地，都以產海鮮著稱，海鮮是這些地方的主打美食。當地人一般都能順口說上二三十種海鮮的名字，那些記憶力超強的吃貨，一開口就排得出上百種海鮮名。這並不奇怪，浙江有綿延千里的海岸線，魚類和貝殼類水產品有五百多種。說到海鮮，海邊城市的人滋生出揚揚自得的情緒，那也是順理成章的事。

江南海鮮多，吃法也多。有熟食法；有生食法——龍蝦、象鼻蚌、金槍魚就適宜生食；有醃乾法，醃製成黃魚鯗、瓜筒、梅子鰟、龍頭鰟、鯊魚鯗、鰻鯗、烏狼鯗、墨魚乾、彈塗乾、淡菜乾、蝦乾，各種小雜魚則會被晒乾成烤頭（小魚乾）；有糟醉法，加酒糟做成糟鰳魚、糟帶魚、醉泥螺、醉蟹、魚生、血蚶等，海邊人在四五月常把細帶魚絲加紅糟白曲醃製，封在缸內待過三伏天後取食，也有的將脫水的帶魚等糟醃，稱爲糟帶魚，還有製作成糊磨醬的，像蝦醬、蟹醬、辣螺醬等。

關於這些地方的海鮮，天南地北的食客都做過評價，歸納起來就是一句話：「形狀見所未見，吃法聞所未聞。」，口味倒是一致，就是一個「鮮」字！南宋江南浪子戴復古就在詩中寫道：「每思鄉味必流涎，一物何能到眼前。」想起家鄉的海鮮，這位老兄竟然會口水橫流。

在各地方言中，都有一個字叫「鮮」。「鮮」原指食物的新鮮和味道鮮美，但在我們這裡，這個「鮮」別有含義，主要表現爲得意忘形、不知含蓄，同時還含有一點顯擺、賣弄的意思。它類似於杭州話的「千」，北京話的「燒包」，東北話的「嘚瑟」，但我覺得無論是「千」、「燒包」，還是「嘚瑟」，表現力都不如這個「鮮」字強。比如我們的方言，形容一個人得意揚揚，就用「鮮答答」，讓人想起海鮮剛撈上來時，新鮮透骨，渾身滴著水的樣子。把「鮮」字用在人身上，委實生動形象。

海鮮海鮮，就圖個鮮字。但是，以我的眼光來看，光一個鮮字還不夠。我認爲，吃海鮮有三重境界：一曰鮮美，二爲肥美，三是甜美。我們這裡的人對海鮮的最高評價，就是「鮮甜」二字。這種評價，很是讓一些人想不明白，說海鮮「鮮」是可以理解的，怎麼會甜呢？我懶得跟他們爭辯，如果他們到沿海城市走上一遭，吃到過剛打撈上來的小黃魚、梅童魚等小海鮮，他們一定會對我們以「鮮甜」這個詞形容海鮮心服口服。

我們南方人味蕾敏感而細膩，看餐桌上有無鮮物，不看紅肉，而是一看時令的菜蔬，二看桌上海鮮有多少。因此，海邊人有「無鮮勿落飯」的說法。也是，餐桌上若沒幾樣海鮮，叫人咋吃得下飯呀！

江南的海鮮，有黃魚、青蟹、對蝦、海參之類的「大牌」，這些海鮮太出名了，跟內陸地區的人提這些，顯得我們有些「嘚瑟」。江南地雖不大，但海鮮很博，長得稀奇古怪的海鮮很多——什麼像鳥一樣長著翅膀的尖嘴「飛魚」；魚假虎威的「岩頭老虎」；跟石頭一般形狀、一樣顏色的「石頭魚」；滿身疙瘩像癩蛤蟆的「蛤蟆魚」；細細長長的「釘頭螺」；從岩石表皮揭下來的「佛手」；名字好像是上海灘斧頭幫起的而肉質卻極細嫩的「斧頭魚」；名字倒胃口一吃不鬆口的「瀨尿蝦」；一身硬殼尾巴像把劍，據說是比恐龍還早的，抱個小孩站上去可以讓它馱著爬的「鱟」……這些海鮮，別說外地朋友沒見過，就是本地人也未必全叫得出名，就說那個「鱟」字，就完全可以難倒個文學博士。嗨，就說到這兒吧，說多了就眞的有賣弄之嫌了。有機會，還是請你到海邊的大排檔吃吃我們的海鮮吧！

這些海鮮，別看模樣長得怪，名字起得凶，其實，它們都具備一兩門「獨門絕技」，或擁有致命殺傷性武器，如河豚；要麼懂「奇門遁甲」，遇上危險會放煙幕彈，如墨魚；要麼有壁壘森嚴的防禦體系，如各種海螺。

很多外地人，愛上海邊的這些城市，都始於這裡的海鮮。這跟愛上一個人，再愛上一座城，是同樣道理。有位寧波朋友，找了位南京姑娘，兩人爲婚後定居哪座城市而犯難，寧波朋友帶南京姑娘吃遍了寧波的海鮮，以美味的海鮮攻下了南京姑娘的心。

師長、作家龔澤華也是被海鮮誘惑，心甘情願一輩子把家安在了海邊小城。他大學畢業後，與班裡五六位同學一起被分配到台州，從省城杭州到海邊小城市，心理落差相當大，不過，好吃的龔老師說：「接連幾天用臉盆煮黃魚和螃蟹來吃，就誰也不願離開這裡了。黃魚肉香，是一種過齒難忘的香。那時街上黃魚堆如小山，我們是天天吃，吃不厭，黃魚撈麵、黃魚鯗肉……還有螃蟹，活的，那肉白如羊脂，清煮來吃，又鮮又甜，大家覺得日子過得像神仙似的，到什麼地方也享不到如此口福！」

龔澤華有位朋友，是臺灣人，因爲鍾情我們這裡的海鮮，索性把工廠建在這裡。他吃遍了當地上百種海鮮，過一陣子想家了，想回臺灣，龔澤華跟他說，你嘗夠了鮑魚、海參、魚翅、海卵、石斑、血蛤……可還沒嘗農家海鮮呢！這位臺商朋友一聽還有農家海鮮，口風馬上變了，說回去不回去還可以再商量。

東北朋友到我們這裡來，跟我提起他們那疙瘩的小雞燉蘑菇、豬肉燉粉條，說東北的美食如何如何的，我啥也不說，帶他到我們海邊的大排檔，點了一桌菜，全是稀奇古怪的海鮮，什麼辣螺、佛手、斧頭魚、棺材蟹、紅綠頭……服務員每端一道菜，我就大聲地報一遍菜名。光這菜名，立馬就把他給震住了！

在海邊人的眼裡，那些沒海鮮吃，或者吃海鮮過敏的人，都是些「可憐的人」。某位曾在我們這裡當一把手的領導，食海鮮過敏。坊間傳聞，說他因爲不能吃海鮮，原擬任舟山市長，後改到一個山區的地級市當市長了。在嗜海鮮的海邊人眼裡，若不能吃海鮮，做人的樂趣可是要打些折扣的，說得嚴重點，那是「一點點」意思也沒有的。

海鮮對海邊人的貢獻，不僅僅是滿足口腹之欲，還給他們帶來一種世俗又市井的快樂，同時，又會讓海邊人滋生出對家鄉的自豪感和對人生的滿足感。而後者，才是最重要的。

我可以負責任地說：寧波、台州、溫州都曾當選中國最具幸福感城市，如果沒有這些味美的海鮮，市民的幸福感，怕是要打些折扣的。

這話有點上綱上線，不過，不要緊，但凡靠海吃海的江南人，都會理解的。誰讓咱們這兒的海鮮那麼鮮呢！

不知許事，且食蛤蜊

養在水裡的蛤蜊，粗看像花紋斑斕的小鵝卵石，它們密密麻麻地擠在一起，在水中調皮地伸出潔白細長的小舌頭，冷不防，噴出一道水花來，活潑得實在招人憐愛。古人相信腐草爲螢、千年的白狐能修煉成美女，他們也相信，蛤蜊是百年的鳥雀變成的，晉干寶《搜神記》就說：「百年之雀，入海爲蛤。」《酉陽雜俎》則說：「蛤蜊，候風雨，能以殼爲翅飛。」——等到風雨之日，蛤蜊會借殼展翅，端的是革命的浪漫主義啊！

蛤蜊是海鮮中的小淘氣。我們這裡的人把蛤蜊稱爲「青蛤」。肉質鮮美，肥厚嫩白，是平民百姓的愛物。

幾年前，我在北京參加全國晚報都市報總編輯培訓班。怕我們逃課，主辦單位把我們安排在大興上課。全封閉不間斷的培訓讓我覺得有點枯燥，聽課聽得無聊，便想逃課溜到天津淘古玩、挖蛤蜊，一人去好生無趣，又不識路，便想拉上同學一起逃課。同學中有潘文泉，是《湖州晚報》的總編，是班裡年紀最大的同學之一，他是有趣之人，雖年過半百，卻十分貪玩，一聽逃課，立馬叫好。我們包了輛車，直奔天津，在天津逛了古玩市場，老潘淘得一個清人的扇面，認爲是眞跡，大叫「發財了」，一路上他因淘到寶而喜滋滋的。淘完古董，我們便直奔塘沽而去。

這是我第一次挖蛤蜊，塘沽的灘塗下到處是蛤蜊。挖蛤蜊沒什麼技術，用手在鬆軟的灘塗上刨啊刨，覺得觸到了硬物，把硬物抓出來，就是蛤蜊。當地人見我這麼小打小鬧挖蛤蜊，直搖頭，遞給我一把五齒叉，外形像豬八戒的釘耙，這是他們挖蛤蜊的專業工具。嘿，拿到五齒叉，挖蛤蜊就省事多了，只要把手中的五齒叉向泥中一插一掀，就會耙出不少蛤蜊。好傢伙，沒幾下就耙出一大把，相當有成就感，直到潮水漲到腳後跟，我們才意猶未盡地撤離，這時蛤蜊已經裝滿一大網兜了。因爲沒有地方可燒蛤蜊，回去的路上，就把蛤蜊順手送給了的哥。的哥很高興，說晚上的菜有著落了，回去就燒蛤蜊湯喝。

蛤蜊是那種最常見、最便宜的海鮮，肉質鮮美，肥厚嫩白，是平民百姓的愛物。它雖然價格便宜，卻有「天下第一鮮」的美譽。元人鍾嗣成在品味完元散曲之後，以「蛤蜊味」三字來評譽其風格和特色，他在《錄鬼簿．序》中道：「若夫高尚之士、性理之學，以爲得罪於聖門者，吾覺且啖蛤蜊，別與知味者道。」

蛤蜊以外殼略顯青黛者，味道最佳。其中有一種叫四角蛤蜊，貝殼頂部白色或淡紫色，殼口有紫黑色環帶，十分肥美。這種蛤蜊還能醒酒，《浙江通志》中引至正《四明續志》說：「蛤蜊亦云圓蛤，殼口有紫暈者肥美，善醒酒。」

蛤蜊可炒、可湯。把蛤蜊放水中，滴上幾滴香油，待它的泥沙吐淨，油鍋裡擱上蔥薑辣椒快火翻炒，一盤鮮香油辣的炒蛤蜊就上桌了。

蛤蜊用來煮湯，最宜夏天食用，據說越是懶人，燒出的湯越好，把蛤蜊倒進鍋裡，絕不翻動一下，因爲一翻動，蛤蜊殼內的湯汁就會流掉一部分。蛤蜊豆腐湯、蛤蜊燉蛋、蛤蜊冬瓜湯、蛤蜊蛋花湯、蛤蜊鹹菜湯……讓人喝起來上癮，撐到肚兒圓還覺得沒個夠。寧波菜中的蛤蜊黃魚羹是極致的鮮，以蛤蜊和黃魚肉製成，色澤潔白，湯汁濃稠，美味非同尋常。嘗過幾回，沒齒難忘。蛤蜊湯極爲開胃，《金瓶梅》裡寫到吃，動不動「大盤大碗，雞蹄鮮肉肴饌拿將上來」，或者「登時四盤四碗拿來，桌子上擺了許多嘎飯，吃不了，又是兩大盤玉米麵鵝油蒸餅兒堆集的」。掃雪烹茶，也是「一碟鼓蓬蓬白麵蒸餅，一碗韭菜酸筍蛤蜊湯，一盤子肥肥的大片水晶鵝，一碟香噴噴晒乾的巴子肉……」不過，吃水晶鵝、巴子肉之類大魚大肉前，西門大官人和他的妻妾們還非得酸筍蛤蜊湯來開胃。

辣炒蛤蜊相當美味，蛤蜊張著大嘴，露出雪白鮮嫩的肉，配上黃的薑絲、綠的蔥段和鮮紅的乾辣椒，看那清新如春、熱辣似火的顏色，讓人忍不住手捏一把狂吃。宋人汪元量曾寫道：「花似錦，酒成池。對花對酒兩相宜。水邊莫話長安事，且請卿卿吃蛤蜊。」汪元量是個騷人。騷人者，詩人也。南宋時台州女子謝道清爲理宗皇后，汪元量是宮廷樂師，他彈得一手好曲，寫得一手好詩，好風雅的他，與佳人對著花共飲，不說國破家亡事，飲著酒，吃著蛤蜊，把人生不快統統丟一邊去。《南史．王弘傳》中的沈昭略也說：「不知許事，且食蛤蜊。」——只要有蛤蜊吃，啥事都可以不去想、不去管了。

蛤蜊還可生吃，元朝《雲林堂飲食制度制》一書記錄了生吃蛤蜊的妙法：「用蛤蜊洗淨，生擘開，留漿別器中，瀝去蛤蜊泥沙，批破，水洗淨，留洗水，再用溫湯洗，次用蔥絲或橘絲少許，拌蛤蜊肉，勻排碗中，以前漿及二次洗水湯澄清去腳，入蔥、椒、酒調利，入汁澆供，甚妙。」喜歡末尾的「甚妙」二字，吃貨們吃到好東西時的揚揚自得，似在眼前。

爲蛤蜊的美味叫好的人著實不少，北魏賈思勰的《齊民要術》，就寫到烤蛤蜊，宋人的《夢粱錄》中寫到「酒雞蛤蜊」、「蛤蜊淡菜」、「米脯鮮蛤」等，光看菜名，就讓人垂涎三尺。清代最著名的吃貨袁枚在《隨園食單》中，就有韭菜炒蛤蜊肉及製湯的記述：「剝蛤蜊肉，加韭菜炒之佳，或爲湯亦可，起遲便枯。」古人甚至將蛤蜊製成「蛤蜊醬」，詩人梅堯臣收到哥們寄來的蛤蜊醬後，勾起了思鄉之情：「我嘗爲吳客，家亦有吳婢。忽驚韓夫子，遺我越鄉味。」

我們這裡有「正月十四是元宵，家家糟羹蛤蜊調」的諺語。每到正月十四，家家戶戶鬧元宵，是夜，定要喝一碗糟羹。糟羹裡有肉絲、筍丁、香菇丁等，當然還少不了蛤蜊，沒了蛤蜊，那鮮味就差遠了。吃完糟羹，便上街看花燈、看舞獅、猜燈謎去了。

海邊人喜歡蛤蜊，就算山裡人嫌麻煩不愛吃貝呀螺呀，對蛤蜊還是情有獨鍾的，不僅因爲美味，而且吃著方便，燒熟的蛤蜊殼都是張開的，上手就可以吃，有人形容得生動——「不像其他螺啊貝啊，脾氣死硬，即便熟了也要用大蓋子堵著洞口，或是兩殼緊閉，一副打死不張嘴的欠揍模樣！」當然，蛤蜊要是真合上口的話，就很難撬開，我們這裡評價一個人是「蛤蜊口」，意謂此人口風緊，不會隨便傳話。

吃了沙蒜力道足

俗話說：唱戲的腔，廚師的湯。能燒湯的海鮮很多，但是要燒得像沙蒜湯那般的鮮香綿稠，不容易。如果要以鮮稠一論高下，河豚湯的綿稠與鮮味，跟沙蒜湯可以一拚，但它不及沙蒜湯的香濃。

溫州、寧波的魚圓湯倒是極鮮美，但它的鮮是清鮮，綿稠不夠。總之，沙蒜燒成的湯，是濃度很高的那種鮮，配得上用「其鮮無比」四字。我們這裡有個「十大名菜」榜，其中有鯧魚年糕、沙蒜煲、花園豆腐、阿金魚頭、紅燒大陳黃魚、乾蒸三門青蟹、原盅鮑鴨、小珍煲海蜈蚣、蟹黃鰻膠、台州首脆。十大名菜中，當然少不得聲名赫赫的沙蒜煲。這沙蒜煲名列其中，並非浪得虛名。

沙蒜是種腔腸動物，學名海葵。海葵是大家族，品種多，有一千多種，海邊人常吃的這種沙蒜叫星蟲狀海葵，長得一點不起眼，青黃色，一副土頭土腦的蒜頭樣，像個土包子。它沒有同族的其他海葵那般妖豔美麗——沙蒜的同胞大多長得五顏六色，有黃有藍，有斑點和條紋，漂浮在水中，緩慢地滑行或翻轉，像搖曳的菊花瓣，風情萬種。

學名叫星蟲狀海葵的沙蒜貌不驚人，它長在礁岩上或縫隙間，有時也埋伏在海塗之下，吞食著泥沙中的營養物質，它口部四周的觸手在有水的泥塗上晃動著，有人走近，它的觸手便「嗖」地縮進泥塗中，塗面竟然不留痕跡，像是踏雪無痕的武林高手。

江南人常吃的沙蒜有兩種——球形沙蒜和雞肚腸蒜，這兩種沙蒜都會沾泥沙，可見，台州人把沙蒜叫作「沙鈷」是有道理的。球形沙蒜隱藏得比較淺，徒手便可捉到。夏秋季節退潮後，三五成群的海邊人便在海塗上，挖撿泥塗下的球形沙蒜。另外一種叫雞肚腸蒜的，顧名思義，長得像長長的雞腸，它城府比較深，像老特務，不動聲色，藏身在泥塗下一米多深處，徒手很難挖到。兩種沙蒜都很鮮美，一定要比高下的話，我覺得雞肚腸蒜更勝一籌。

▲沙蒜一副土頭土腦的蒜頭樣。

沙蒜在沙塗上棲息，這廝離不得海水，一離開水，不出幾分鐘，便軟耷耷如一堆爛泥。一放進水中，則蠕動著圓桶形的身子。在水裡的時候，它有鴨蛋那麼大，做成鮮脆沙蒜湯以後，是那種濃縮了的精華，個頭也縮小到只有春卷的一半。

鮮脆沙蒜湯看上去有點渾濁，似不清爽，實際上味極美，鮮味纏繞在唇齒之間，把味蕾的快感勾了個痛快淋漓。對於第一次吃這種湯的人來說，絕對是一種震撼，因爲這湯實在太鮮、太有味道了！

沙蒜的口感也特別，咬一口，嘎吱嘎吱的，是韌中帶著脆的那種，有點像雞鴨肫，又有點像鮑魚。沙蒜實在是鮮啊，鮮得簡直讓人不知他味了，有時來不及多咀嚼幾下，咕嚕一下就滑到肚裡了，等回過味來時，只餘滿口的鮮香。

寧波、舟山海邊大排檔燒的沙蒜很入味。沙蒜有紅燒的，也有煨湯的。我以爲沙蒜還是煨湯好吃，因爲味道本眞。煨時無須放鹽，因其本身已鹹，加入黃酒、薑片、蒜頭，用慢火煨熟後，端上來喝上一口，沒有不叫好的。

海邊人都道沙蒜大補，說有滋陰壯陽的功效，故稱之爲海中冬蟲夏草，我們這裡的人叫得直白，管沙蒜叫「海卵」——說是大海的陽物，粗俗是粗俗，不過也可見它補腎壯陽的功效不同一般。當地人形容一個人好吹牛，就說他是「海卵噴天」——沙蒜喜歡噴水，但噴得不遠，「噴天」是它的一廂情願。

外地客人來我們這兒，若是貴客，一桌海鮮裡少不得上一道鮮脆沙蒜湯。好奇的外地客人看到這一盅渾濁的湯，常刨根問底，問這是什麼，若有女客在，當地人常對視一眼，不肯多說，只道是沙蒜。這樣一來，沙蒜倒成了所有海鮮裡最曖昧的一種。

我們這裡的人一致認爲，什麼綠豆麵炒沙蒜，什麼紅燒沙蒜，都比不得黃酒燉沙蒜正宗，比不上它有「力道」。「力道」是當地人常說的一個詞，這「力道」的意思除了力氣外，還有功效之意，但我很難用準確的語言來表述。有一次赴宴，地方領導請客，這位領導十分風趣，沙蒜湯一上來，便煞有介事地向大家介紹說：「沙蒜這玩意兒，吃一個有利於身體健康，吃兩個有利於夫妻和睦，吃三個不利於家庭穩定。」他替我從另一個層面把「力道」二字解釋清楚了。

沙蒜名聲在外，省城的客人到我們這裡來，對沙蒜最感興趣，一聽說沙蒜，個個眼睛發綠。有一次省裡一個廳長來我們這裡檢查工作，聽當地人說起本地特產沙蒜，吃了一盤紅燒沙蒜還不過癮，還要再來一盤，別的菜不夾，手中的筷子如小李飛刀，直奔沙蒜而去。

幾十年前，沙蒜是漁民餐桌上的家常便菜，一斤沙蒜不過一二角錢。當然，那時的黃魚也很便宜，不像現在，它們都成了「大牌」，身價倍增，一斤要幾十上百元了。

沙蒜的身價越來越高，請人吃飯，爲表客氣，都要上鮮脆沙蒜湯，但是通常都數準了客人的人頭，上的沙蒜不多不少，剛好是一人一只的分量，剛夠得上「有利健康」的標準，客人想多吃幾只沙蒜，做點「不利於家庭穩定」的事，還沒這個機會呢。

▲ 沙蒜燒豆麵。

桃花紅，泥螺肥

江南的小海鮮實在不少，不說別的，光螺就可以排上許多種：泥螺、香螺、辣螺、跳螺、刺螺、大頭螺、芝麻螺、大海螺、石頭螺、水漲螺、八角螺、馬蹄螺、織紋螺等。

對於帶殼的食物，喜歡與否常常兩極分化。一部分人嫌吃著麻煩，費老大的勁才能吃到一丁點肉，付出與得到不成正比，懶得去吃它。另一些人嗜一切帶殼的美食，乾果裡的核桃、瓜子、香榧、松子，海鮮中的貝與螺。我是後一種人，我覺得，它們堅硬的外殼下，蘊藏著不爲人知的美味，個中滋味，只有嘗過才心知肚明。

過去，海邊人家想吃腥，掛個竹簍，騎上一種泥馬，去海塗上走一圈，餐桌上就豐盛得不得了。這個叫「泥馬」的代步工具，堪稱海塗輕騎，它以木製成，討小海的人雙手按在泥馬的橫檔上，一隻腳蹲在泥馬上，另一隻腳在泥塗上一蹬，泥馬就能在海塗上疾行如飛。退潮後的海灘上，小海魚、彈塗、蛤蜊、海螺螄、白蝦、九節蝦、蝦蛄隨處可見，當然還少不得泥螺。我在海邊看過村民捉泥螺，場面頗為壯觀。海潮退去時，婦人孩童就下到海塗，泥螺盛產時，灘塗上爬滿了黑豆似的小精靈，泥螺推著一層泥緩緩地爬行，憨憨的，對即將到來的被捕捉的命運，安之若素，不逃也不躲，所以泥螺很好捉——說是捉，實際上是撿，三指撮起，運氣好的話，小半天能撿上十幾斤。有時夜潮旺發，海邊人會提著燈籠、火篾等照明之物，浩浩蕩蕩下海捕捉泥螺，沒多久，就能撿滿一木桶。

泥螺「吐吞含沙，沙黑如鐵」，又名「吐鐵」，我們這裡的人稱之為「沙雨」。《食物本草》介紹道：「吐鐵，生海中，螺屬也。大如指頂者則有脂如凝膏，色青，外殼亦軟，其肉色黑如鐵，吐露殼外，故稱吐鐵。」清代溫嶺名醫趙立民，醫術高，又好風雅，他在《一剪梅．獨酌偶成》中寫到泥螺：「墻角紅榴映碧紗，老了黃瓜，熟了枇杷。銀魚生炒蛋堆花，吐鐵無沙，蠶豆新芽。小酌已生老臉霞，吟興婆娑，醉眼橫斜。夕陽影裡聽鳴鴉，且訪農家，與話桑麻。」喝喝小酒，吮吮泥螺，聽聽鴉鳴，醉眼橫斜，人生還有什麼想不開的呢？

泥螺狀如蝸殼，體表有黏液，幼時白色透明，大時呈青色或黃色，不透明，泥螺個頭以大為上，顏色以黃色為佳。若以時令論，以桃花時節最為細嫩，此時的泥螺肉質鮮嫩而無泥，稱桃花泥螺。清代潘朗有詩曰：「樹頭月出炊香飯，郎提桃花吐鐵來。」到了梅子青時，天上落雨，泥螺脂膏滿腹，最是肥美。用酒浸個一兩宿，肥膏便會溢出殼外。待到八月十六桂花開時，此時的泥螺個頭雖大，但肉質已發硬。

泥螺不但味美，還是一味中藥，清人趙學敏在《本草綱目拾遺》中就說：「吐鐵能潤喉燥、生津。」他還來個現身說法：「余庚申歲二月，每患燥火，入夜喉咽乾燥，舌枯欲裂，服花粉生津藥，多不驗。一日市吐鐵食之甘，至夜咽乾亦愈，可知生津液養脾陰之力大也。」看來泥螺的功效趕得上補品鐵皮楓斗晶了。

泥螺最常見的吃法就是醃成糟貨，「以醃藏糟浸，貨之四方，以充海錯」。寧波、舟山、溫州、台州的泥螺都很出名，不過頭牌是寧波的黃泥螺。這些地方的醃泥螺，殼薄如蟬翼，螺肉通體透明，就像是一粒粒小琥珀，鑲嵌在蝸牛造型的薄殼中。一嘗，濕潤柔軟，清香脆嫩，豐腴可口，甜甜的螺肉中，溢出黃酒的醇香，味極鮮脆香美。糟泥螺用來下飯最好，舟山人稱之爲「塞飯榔頭」，我們這裡也有句土話：「泥螺和飯，好比肉炒蛋。」說這話時，泥螺價格還很便宜，不像現在，泥螺的價鈿老早超過肉和蛋了。泥螺豈止下飯，它還解油膩，當你吃得腦滿腸肥、滿腹流油，看到啥東西都不想舉筷時，夾幾只清嫩鮮脆的黃泥螺嚼嚼，一碗白泡飯下肚，馬上神清氣爽。上海人跟寧波人、溫州人一樣，都非常喜歡吃泥螺，嘴刁的人還非寧波黃泥螺不吃。上海灘大亨虞洽卿是寧波人，幼時家貧，經常到灘塗上撿泥螺。發跡後，鄉人給他起了個外號，叫「大泥螺」。

醃泥螺是技術活，醃得不好的話，死鹹死鹹的，而且螺肉也縮小到一丁點。梁實秋在《燴青蛤》一文中寫到泥螺：「貝類之中最小者，當推寧波產的黃泥螺，小得跟綠豆一般，黑不溜秋的，不起眼，裡面的肉小得可憐，很鹹。」我推測，他嘗到的是醃得不到位的泥螺。我嘗試過醃泥螺，也是不得要領，泥螺在殼內縮頭縮腦，難看，又不好吃，生硬堅澀。我把自醃的泥螺推薦給一個北方妞吃，她自稱什麼都敢吃，什麼都會吃，但夾起一粒泥螺，連殼一口咬下去，然後「呸」地吐出口，說，啥東西，味道怪，還鹹得要死。北方人吃不慣醃海鮮，除了泥螺，魚生、槍蟹也不對他們胃口。

泥螺要醃透才好吃，沒醃足的話，吃了會發「泥螺胖」——泥螺體表黏液及內臟中有毒素，吃了未經醃熟的泥螺，臉會浮腫，寧波人稱之為「發泥螺胖」，要好幾天才會退。

比起醃泥螺，我更喜歡蔥油泥螺。前些年，在溫嶺一家不起眼的飯店吃過一回蔥油泥螺，味極美，經年不忘。蔥油泥螺光潤可愛，四周點綴著青綠的蔥花，吃的時候，用筷子夾起一個，然後含在嘴唇之間，用舌尖頂殼輕輕一吮，嗖的一聲螺肉就順著舌尖到了口中，吃在嘴裡，既有泥螺的軟嫩，又有小蔥的清香、醬油的濃香。

溫州人把泥螺稱為「泥糍」，溫州方言中有「白眼泥糍」或「眼烏珠瞇攏泥糍恁」的說法，說的就是那些處事糊塗或拎不清的人。

▲春天，浙江天台的寒山湖。

清明螺，賽肥鵝

「清明螺，賽肥鵝。」清明前的江南，細雨斜織，此時是螺螄最爲肥美的時節。

小時候，水塘河道裡螺螄很多，沿青石板隨手一摸就是一大把，沒人把它當成稀罕物。有一位同學，家裡養了鴨子，放學後常去摸螺螄，砸碎後用來餵鴨子。他家的鴨子吃多了螺螄，下的蛋都是紅心的。鴨子個頭也長得很大，「嘎嘎嘎」叫得特別帶勁，走路都一歪一歪的，被我攆得搖搖晃晃亂跑。

小時候我挑食，別的東西不愛吃，只愛吃外婆燒的梅干菜扣肉和醬爆螺螄。外婆把螺螄放在鐵鍋裡劈里啪啦炒得震天響，是我小時候最愛聽的聲音。吃完螺螄，還拿螺螄壓黏在眉間，扮普度眾生的觀音菩薩，鄰居家的淘小子則喜歡將它黏在頷下，左手叉腰，混充偉人。

螺螄的吃法很多，辣炒、醬爆、老滷、塞肉等都是美味，不管怎麼個燒法，料酒、大蒜、辣椒是少不了的，因爲要壓住螺螄的腥

味。大學畢業後，我在杭州一所學校教書，學校邊上有一口水塘，春天裡，柳樹剛長出鵝黃的嫩芽，水塘邊便有人摸螺螄了。同事劉寧琪，寧夏人，他父母退休後，也到杭州跟他一起生活。劉伯伯、劉伯母常去學校邊上的池塘撈螺螄，提一張網，在池塘裡晃蕩兩下，就是半籃螺螄，運氣好的話，還有蜆子、河蚌、活蹦亂跳的青蝦和小魚。蜆子、河蚌用來燉湯，小魚用澱粉裹了油炸，下酒最好。撈上來的螺螄則要先放在清水裡，滴兩滴香油，養上一夜，就會吐去穢物，再用剪子剪去尾部，就能下鍋放上蔥薑辣椒爆炒了。劉伯伯、劉伯母每次炒好螺螄，就喊我們去打牙祭，於是約上三五同事，海闊天空，把酒言歡，留下螺殼一堆堆。

除了醬爆螺螄，講究些的，將螺螄煮熟，剔出螺肉，用來燉蛋，吃起來也別有滋味。還有一道菜，叫春韭炒螺肉，鮮香異常。春韭初割，油亮碧綠，與黑中帶黃的螺肉互炒，是春天的一道時令菜。光看色彩，就容易勾人食欲。

有一段時間，我們這裡興起吃煲，商業街上，幾家煲店的生意十分紅火。煲店裡最受歡迎的，便是田螺煲。田螺塊頭大，肉粗，並不好吃，但是把剔出來的田螺肉切碎拌以豬肉碎，加料酒、醬油，炒熟後塞回螺螄殼裡，就是一道鮮香味美的美食。我家小子小時候最愛吃螺螄塞肉了。每次帶他出門，只要飯桌上有這道菜，他就吃得滿嘴流油。

又過了一陣，不時興吃田螺煲了，時興吃上湯螺螄了。除了大酒店，大大小小的咖啡館、茶館也都有這道菜，這上湯螺螄最大的特點是鮮，螺螄淹在乳白色的湯裡，上面是暗紅的火腿片、碧綠的蔥花、象牙色的鮮筍片、大紅的辣椒絲，看在眼裡，就是一汪濃得化不開的春意，吃在嘴裡，又有鮮、嫩、香、辣，鹹鮮入味，一上桌，很快就會被消滅光。

螺螄有清肝明目的功效，《本草綱目》中就有記載：「螺肉味甘性寒，具有清熱、明目、祛濕、利尿、通便等功效。」江南諸地有清明吃螺的風俗。汪曾祺就說：「螺螄處處有之，我們家鄉清明吃螺螄，謂可以明目。用五香煮熟螺螄，分給孩子，一人半碗，由他們自己用竹籤挑著吃。」

清明吃螺，別的地方吃的多是秧田和河塘裡的那種螺螄，我們以吃海螄居多，俗稱「亮眼螄」。

海螄有青螄、烏螄、黃螄之分，我們這裡的人嘴刁，愛吃青螄。吃了螺螄，殼也不讓亂扔，說要拋向屋瓦背，以便用螺螄殼「套」住毛毛蟲。我讀中學時，每到清明，街頭就有小販提著竹籃在叫賣海螄，一角錢可以買上一捧，邊走邊吮，那種鮮美的味道，至今難忘。有一年清明節前，舒婷來臨海，在桃渚海灘，她花五元錢買了一小杯海螄，吃了幾只，只道味美，說平素很少吃到這麼好吃的海螄。其實她吃到的只是黃螄，要是吃了青螄，那味道更是沒的說了，搞不好，讓舒婷大姐即席賦詩一首都有可能。

三月三，辣螺爬高岩

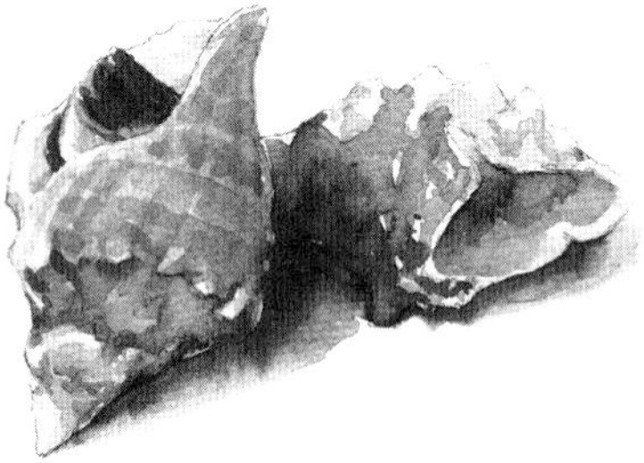

我們這裡有民謠：「三月三，辣螺爬高岩。」
它的意思是說，農曆三月初三前後，
海水漸暖，地溫升高，辣螺們便爬上岩頭，
有時還能聽到它們的叫歌聲。

香螺、花螺和辣螺，可以各自作秀，也可以拼成海鮮拼盤，來個「香辣組合」。三者中，長得最漂亮的是花螺，光聽名字就覺得風雅，看長相，周身光滑，白底黑點，清清爽爽。香螺則是一身煙灰色的殼，秀氣文靜。唯獨辣螺，長得像《巴黎聖母院》裡的那個敲鐘怪人卡西莫多，螺殼很厚，外殼凹凸不平，樣子粗糙又醜陋。如果以戲劇中的角色命名，花螺是花旦，香螺是青衣，而辣螺，則是丑角無疑。

辣螺生長在岩石縫隙裡，呈橄欖狀，色濃綠。辣螺是它的小名，也有人管它叫口水螺，它的學名則叫疣荔枝螺，因爲它的表殼有許多瘤狀的突起，故名。別地也有把辣螺叫成苦瓜螺的，從外表看，它跟苦瓜相像，也有許多疣狀物，光看外表，辣螺的確不太招人喜歡。

文友張一芳漁民出身，小時常去撿辣螺，寫起辣螺來眞是一往情深——

每年三月，大海裡南方暖流勢盛，春潮湧動，海水漸暖；再加上月初頭大潮汛，潮水漲得高，退得也低，日照長了，岩灘被晒得暖暖的。蟄居的辣螺，爬上陡陡的岩崖，吸食石隙間和苔草上的蝦蟣和藻菌，也做出些繁衍子孫的壯舉。我聽到它們幽幽的咻咻叫歌聲，正是這樣的季節。

辣螺很好撿，岩石上很多，扔進籃子就是，我撿過，一撿一大把，很有成就感。海邊的老人說，辣螺會「做窩」，常集結在一起。運氣好的話，找到一窩，一撿就是一畚箕。大一些的辣螺比較狡猾，喜歡躲在水下的礁石縫裡，這時就需要動用鑷子之類的東西，把它夾出來。過去海邊人討岩頭，多半是沖著藤壺、生筋殼等美味去的，至於辣螺、佛手、岩蒜、蝦蟆碗之類，只是順手撿拾的。現在去討岩頭，撿到籃裡的，都是好菜。

辣螺是螺中的辣妹子。辣螺之所以辣，是因它的尾端有一辣囊腺，會產生一種不同於生薑、辣椒之類的辣味，據說吃那玩意兒敗火。要知道，它的辣是天然的，絕非加配料煮出來的。因此，也有人吃不慣辣螺的味，吃完一個辣螺，還拿著辣螺煞有介事地說，長得難看不是你的錯，但這麼難吃就是你的錯了。

辣螺好對付，買回來的辣螺沖刷洗淨，滴入幾滴香油，在水中靜養一個晚上，待它們吐淨肚子裡的泥沙，就可水煮了。本地人愛吃水煮辣螺，是最本色的味道。辣螺放進滾水裡，薑、蔥、料酒、鹽、辣椒之類的調味品一概不放，只稍稍燙上幾十秒鐘，馬上撈上來，裝盤，就可以上桌了。

水煮辣螺的味道很特別，鮮自然不必說了，還有點辣、有點苦，細細回味，又有點鮮甜。海邊的大排檔上，一張餐桌邊，圍坐著兩三個赤膊紅臉的大漢，桌上是冰鮮的紮啤，玻璃杯裡泡沫冒著，面前一大盤辣螺。啤酒淡淡的苦味和辣螺的辣味，在舌頭上摻雜著。讀過幾本書的人，吃辣螺有時還會吃出些許人生的況味來。有些吃辣螺上癮的海邊人，夏天晚上去七號碼頭邊上吃大排檔，點個三四盤辣螺，來點鹽水花生，再上三四瓶啤酒，一個晚上就可以消磨掉了。

二〇一四年夏天，我到普陀山玩，島上的朋友請吃海鮮。上的一桌海鮮，我都覺得無甚稀奇，我們這裡盛產海鮮，咱啥海鮮沒吃過。唯獨一道辣螺燉蛋，讓我稱道不已——新鮮辣螺敲碎後，把帶肉的殼放到盆裡，撒上調料，扣上一只鮮蛋，隔水燉成。那又鮮又辣的滋味，令人回味無窮。

辣螺可以做成辣螺醬，作法也簡單，將辣螺的硬殼敲破，取出螺肉，拌上食鹽、白酒、薑絲、蒜瓣等調料，放玻璃瓶裡醃著，過上四五天即可取食，其味鮮美，香中帶點辣，很是開胃，比寧波槍蟹什麼的要好吃，用來下飯沒有比它更好的了。

螺中香妃

海邊的灘塗，除了盛產各種魚蝦，還有各種貝殼類的小海鮮，什麼蟶子、花蛤、牡蠣、泥螺、海螄、血蚶、香螺、烏螺……應有盡有。蟶子、花蛤什麼大家都很熟悉，陌生些的就是烏螺。烏螺就是紅帶織紋螺，味極美，南宋學者徐似道有一首《阮郎歸》，寫得頗無厘頭，裡面就提到烏螺：「茶寮山上一頭陀。新來學者麼。蝤蛑螃蟹與烏螺。知他放幾多。有一物，是蜂窩。姓牙名老婆。雖然無奈得它何。如何放得它。」烏螺有毒，每年初夏都有人因吃它而中毒。烏螺美味是美味，爲它搭上身家性命卻犯不著，所以我從不吃它。有香螺吃，咱就心滿意足了。

香螺又稱黃鑲玉螺，
體型圓胖而厚重，殼薄薄的。
殼面黃褐色，殼頂部則是淡淡的青灰色，
這青灰，像夕陽落下後的天空，
又像炊煙的顏色，讓人產生幾分詩意的聯想。

如果說辣螺是螺中的「辣妹子」，那麼，香螺則是螺中的香妃。

香螺的外表相當素樸，一襲灰色，不大惹

眼，低調內斂，如閱盡繁華歸隱山林的高人。

大家對辣螺的辣味見仁見智，叫好的，嗜辣螺如命，一盤辣螺上來，三下五除二，盤就見了底，剩下一堆殼；吃不慣的也有，眼都不瞟辣螺一下。但對香螺，幾乎一邊倒地都說好吃，香螺的肉質嫩脆，很有嚼頭。用流行話來說，是「灰常的鮮美」。海邊人海鮮吃得多，見識廣，眼孔大，口味刁，海邊的吃貨都說好吃的東西，那味道眞是不一般的好。

香螺尾部有膏，這是香螺的精華所在。內陸城市的人，初次吃香螺，常把這黃黃的膏當成是香螺的「屎」，棄之不食，經在座的老江湖一番調教，才恍然大悟，吃後不免感嘆：天下竟然還有這麼好吃的「屎」！

香螺有白煮香螺和爆炒香螺等燒法，我照例是喜歡白煮的味道，有隱隱的鹹，是海水的味。如果爆炒的話，動作一定要快，否則就會把香螺炒老了，嚼不動。我在福州吃過一道淡糟香螺片，雪白的螺片上幾抹殷紅的糟汁，舒展似花。淡糟香螺片色澤淡紅，肉質脆嫩，糟香味美，食之清鮮爽口，齒頰留香，別有滋味。

海邊的大排檔，生意總是好得出奇，看海景、吹海風、吃海鮮，的確是人生樂事。去大排檔，很多人衝著小海鮮去，香螺、辣螺、花蛤、縊蟶這些小海鮮也的確爭氣，要多鮮有多鮮。一到天氣晴好的周末，我們這裡但凡有點小名氣的大排檔，路邊都會停滿各種私家車，來的都是貪吃鷲——我們這裡把吃貨稱爲「貪吃鷲」。連杭州、上海的貪吃鷲，有時也會拖家帶口趕過來吃。有一次，我請一個上海「阿拉」在海邊吃海鮮，「阿拉」手持牙籤對付香螺，神態嚴謹，悶聲不響，許是用得不得法，折了好幾根牙籤，不過他不怕挫折，堅韌不拔地繼續對付著香螺，還說經歷一番艱辛後吃到嘴裡的香螺肉，鮮美又有嚼勁，是難得的美味。這腔調，有那麼點「不經歷風雨，怎麼見彩虹」的味道。

近日閒翻《西京雜記》，書中道：「趙飛燕爲皇后，其女弟在昭陽殿，遺飛燕書曰：『今日嘉辰，貴姊懋膺洪冊，謹上襚三十五條……青木香、沈水香、香螺卮。』」——當年趙飛燕被冊封爲皇后時，妹妹趙昭儀送上三十五件奇珍以示祝賀，其中就有香螺卮。香螺卮是香螺殼製的酒杯，但此香螺非我們這裡的那種小香螺，而是碩大的海南香螺。前些年我到海南，淘得許多稀奇古怪的螺，回來擺滿兩個櫥櫃，有細小的玉黍螺、岩螺，有黃金寶螺，有硨磲貝，有狀如鸚鵡的鸚鵡螺，還有像蜘蛛一樣的蜘蛛螺，其中有一樣就是「佛門七寶」中的左旋香螺。想來趙昭儀送給趙飛燕的該是此種香螺，只不知這種大香螺的肉是否有如我們這裡的小香螺一般鮮美？

開門見紅的血蚶

血蚶，我們這裡的人把它叫成「花蚶」，好像戲曲人物中的花臉。它殼面白色或褐色，薄皮，表面有溝，如舊時屋頂瓦棱，所以它的殼就稱爲「瓦楞子」。

清代學者宋世犖有《黃岩雜詩》：「一回潮上一回鮮，紫蛤花蚶不計錢。撥刺黃魚長尺半，如飛搖到路橋船。」從詩中看，那時紫蛤花蚶這些小海鮮，是賣不了三兩個小錢的，故有「紫蛤花蚶不計錢」之說。

外地人到海邊城市，吃貝殼類的海鮮時，時不時會鬧點笑話。有次請一外地朋友吃飯，點了一盤血蚶，一上桌，這傢伙尖叫一聲：「啊，毛蚶？」緊接著第二句便是：「你們這兒怎麼連這玩意兒都敢吃。」看他表情，那是相當古怪，估計這小子聯想到了上海的A肝，當年上海A型肝炎大流行的罪魁禍首就是毛蚶。這小子好了瘡疤忘不了疼，以致現在一見毛蚶就臉色大變。我趕緊向這怕死的傢伙解釋，別緊張，這是血蚶，不是毛蚶！

前幾年，以台州改革開放爲背景的電視

連續劇《海之門》在中央電視臺熱播，有個主人公就叫毛蚶，編劇據說到台州「深入生活」過，我估計這種深入法是蜻蜓點水式的，否則斷不會給主人公起「毛蚶」這個名，就是叫海瓜子、泥螺什麼的，也比叫毛蚶強。毛蚶是什麼，引發A肝的罪魁禍首！台州人一般是看不上毛蚶的，長相粗鄙不說，肉又粗糙，一點也沒吃頭。

血蚶與毛蚶其實很好區別，血蚶體內有汁似血，蚶肉呈鮮紅色，民間以爲是「血肉豐滿」之物，視爲大補。補不補不好說，不過血蚶的確有化痰、治胃酸過多之效，還能解酒。《本草綱目》也道，血蚶「味甘性溫，功能除了補血外，還可以潤五臟、健胃、清熱化痰、治酸止痛，主治痰熱咳嗽、胸脅疼痛、痰中帶血等」。早些年，我們這裡的婦女坐月子，時興吃血蚶，說是能補血。這裡的男人同樣視血蚶與血蚶酒爲滋補佳品，他們將血蚶放進滾熱的黃酒裡，稍一燙，血蚶就有六七分熟，即可食用。吃了血蚶，黃酒也要一飲而盡。六七分熟的血蚶味最佳，掰開後血汁橫流，若燙得時間太長，血蚶殼全張開，殼裡的血都流光了，肉縮成一小截，蒼黃乾癟，老澀難嚼，寡淡少味。

海南人視血蚶爲吉祥物，有大年初一吃血蚶的習俗，他們把蚶殼當作兩扇「門」，把蚶肉視爲「元寶」。大年初一吃蚶是開門見寶、開門見紅。無獨有偶，廈門、潮州的朋友也跟我說，在他們那裡，血蚶是過年時討口彩的小菜，按照習俗，除夕圍爐時，他們的年夜飯會有一道血蚶。除夕食蚶，意取金錢眾多，反覆可數的意思。吃了血蚶，他們把蚶殼拋進床底，到年初五再收拾，嘴裡還念念有聲：「蚶殼錢，賺大錢。」如此這般，意味著來年會「旺財」——因爲蚶殼相磨所發的音響，極似銅錢聲音，所以這些地方稱蚶殼爲「蚶殼錢」。難怪張愛玲說：「中國人過年，茶葉蛋，青菜，火盆裡的炭塞，都用來代表元寶；在北方，餃子也算元寶；在寧波，蛤蜊也算元寶。眼裡看到的，什麼都像元寶，眞是個財迷心竅的民族。」

小寒至大寒期間，血蚶血量最多，這時的血蚶一打開，肉質飽滿鮮紅，可與烈焰紅唇媲美。我有一個朋友，極嗜血蚶，吃得興起，有時唇齒間免不了「血跡斑斑」，跟吸血鬼無異，讓人疑心他還在茹毛飲血。

內陸地區的人不太敢吃這玩意兒，說血漬烏拉的，有點恐怖。經過我耐心說明及言傳身教，才敢把筷子伸向血蚶，卻把血蚶放杯裡涮上幾涮，說是把血水涮掉。這種吃法，眞是暴殄天物啊，看得我痛心疾首。

蚶殼還可以當懲罰工具——舊時筆記小說裡，悍妻治夫，就在地上放兩個蚶殼，讓丈夫罰跪其上，類似於現代悍妻逼丈夫跪洗衣板。

二〇一四年春天到廣東，我與朋友相聚，相談甚歡，飯後散步時，見小巷裡有人在拉椰胡。椰胡嗚嗚咽咽地響，讓離家數日的我起了想家的心思。陪我散步的廣東朋友說，這椰胡的線眼就是蚶殼做的，想不到蚶殼還有此用途。次日返程，剛下飛機，就有朋友請吃飯，我吃著血蚶，趁機賣弄學問，說蚶殼可以用作「椰胡」的線眼，朋友眼珠瞪得老大：什麼，蚶殼做「夜壺」的線眼？

嘿，這是哪兒跟哪兒的事。

悲情佛手

我愛吃帶殼的乾果，自然也愛吃帶殼的海鮮——海瓜子、牡蠣、縊蟶、白蛤、蛤蜊、花蛤、雜色蛤、毛蚶、佛手這些貝殼，都是我味蕾上的最愛。某人見我這麼愛吃帶殼的食物，一口咬定我是松鼠投的胎，我仔細一想，覺得有這種可能。

本地人稱佛手爲觀音手，別地也有叫雞冠貝、狗爪螺的，大約取其形。你若有心查一下它的學名，就不太有趣了，它的學名叫龜足。就是想像力再豐富的人，也難以將這兩種風馬牛不相及的名字跟同一種貝殼聯繫起來。

魯迅在《故鄉》裡，回憶跟少年閏土在一起的快樂日子，閏土跟少年魯迅提起，他們「日裡到海邊撿貝殼去，紅的綠的都有，鬼見怕也有，觀音手也有」，引得少年魯迅很是神往。

佛手這名字很好聽，
它也是礁石上的美食。
礁石上常見的海鮮有辣螺、淡菜、牡蠣，
還有就是佛手。

佛手形狀奇特，外形像合十的雙手，殼粗糙，青黃色的外表，看上去有點像恐龍皮。這玩意兒山上沒有，地裡不見，全長在礁石岩壁上。佛手密密麻麻地扒在岩石縫隙中，一有風吹草動，便緊縮柄部藏在岩縫裡。除了附著於礁石上，佛手還會寄生於大型魚體上，隨魚的游動免費觀光海底風光。

我在大陳島的岩礁上挖過佛手。岩礁上的寶貝眞不少，除了佛手，蟛蜞在岩石間亂爬，辣螺更多，俯拾即得，佛手則隱藏在岩縫裡，不動聲色，一副老謀深算的樣子。佛手殼很堅硬，緊附在岩石上，要花力氣從礁石上撬下，很是費勁。挖出來的佛手表面還有一層綠苔，像是它的保護色。老半天才挖了一點，還鋪不滿籃子底，手卻割了好幾道口子，眞是「粒粒皆辛苦」。

跟田螺姑娘之類的傳說不同，佛手的傳說有點血腥，說是公主妙善做夢，夢中高人提醒唯有將自己的臂肉割下煎湯，父病方能去。夢醒後的公主毅然揮刀斷臂，父王得救了，菩薩感於公主的孝心，讓公主的傷臂長出觀音手，餘下的手掌扔到礁石上，便成了佛手。

除了海鮮中的佛手，南方有種長在樹上的金黃色瓜果也叫佛手，以金華佛手最爲著名，雅稱「金佛手」。金華的朋友送我一盆佛手，我當成稀罕物。佛手開花時有白、紅、紫三色，結成的果實色澤金黃，香氣濃郁，形似觀音的纖纖玉手。朋友讓我把佛手果泡茶泡酒喝，說有理氣化痰、疏肝解鬱、止咳消脹等功能。我說我沒有什麼鬱可解，也沒有什麼氣可理，遂轉送於人。

大概因爲「佛手」二字諧音「福壽」，所以無論是植物中的佛手還是海鮮中的佛手，都是很受歡迎的。大陳島七大特色招牌菜中，有一道就是佛手，菜名很好聽，叫「指點迷津」，頗有幾分禪意。

山區人對植物佛手感情深，我們海邊人，則更喜歡海鮮佛手。吃佛手也有門道，見到扁扁的佛手，外地人常不知從何下嘴，有些性急的，拿嘴去咬佛手，弄得肉汁四射。有些人以為佛手的肉在手掌裡，吃時使勁地把兩片合著的「手掌」掰開——佛手的兩片殼貼得很緊，掰著夠費勁，而且「手掌」裡的東西是不好吃，也是不能吃的。其實吃佛手吃的應該是「柄」部的肉，即佛手的「皮囊」部分，只要把甲殼和柄部分開，就可以吃到肉了。

中藥書記載，佛手性甘鹹平和，「虛損人以酒同煮食，最補益」。奇怪，很多海鮮跟酒同煮，都能補人。聽說佛手還可以生食，不過我沒試過，沒有發言權。

佛手的肉蘸點醋吃，香味四溢，而且鮮而不膩。有些地方燒佛手下調料很狠，認為佛手不像別的貝殼炒熟會自行張口，入味難，便加蒜末、薑絲，甚至還加小辣椒乾，下鍋猛炒。其實這種燒法很不得法。我燒佛手是化繁為簡，洗淨後把佛手往沸水中一燙，撈上來上盆，蘸點醋就可以吃。

外地朋友來，我喜歡請他們去大排檔吃海鮮，無它，蓋因大排檔的海鮮比大酒店的海鮮來得鮮。上大菜之前，我總是點上一盤佛手，為的是證明我們這裡的海鮮「異類」之多，當然還帶點顯擺的意思。這一招通常能達到預期的效果，外地朋友拈起佛手左看右看，問：「這是什麼東西？長得恁稀奇古怪？」有一次，陪央視的美女記者在夜排檔吃海鮮，美女記者是夜貓子，早晨無精打采，一到午夜，就目光如炬，夜愈深，她精神愈好。她對佛手好奇不過，拿著手機拍個不停，顧不上吃，就把照片發到微博上，說是吃到從未見過的稀奇海鮮。

比她更甚的是幾個上海老太太，見了佛手「阿彌陀佛」個沒完，吃完佛手，還把殼串成手鍊，戴在手腕上，幾個服務員見了後躲到一邊嗤嗤的笑——她們有所不知，此舉非老太太首創。過去浙江沿海的人，常把佛手用線串在一起，戴在孩子的手腕或腳踝上，認爲可以避邪。

佛手不常見，價格又貴，吃過的人不多，再加上吃到嘴只有丁點肉，像我這樣性急的人沒這個耐心去吃它——反正餐桌上好吃的海鮮多的是，犯不著跟佛手過不去。

▲長在礁石上的佛手。

海瓜子，小海鮮之王

時間有的時候是用來浪費的，
而且，浪費了，你還會覺得値——
比如說，吃海瓜子的時候。

海瓜子是個小不點，長得小巧精緻，大小似南瓜子，薄脆的殼，白裡微微透點粉紅，色如櫻花，形狀宛如美人耳垂邊戴著的小玉墜。難怪海瓜子學名虹彩明櫻蛤，多麼浪漫別致的名稱。

梅雨時節，滴滴答答的雨下個沒完，讓人心情跟著有些煩悶，不過，這個時候，有兩樣事物讓我特別喜歡，一是梔子花，這個時候的梔子花特別的豐腴白嫩，花香濃烈，採一兩朵在家中，便覺清香盈室。還有就是海瓜子，梅雨時，海瓜子的肉質最爲肥嫩、飽滿、鮮美，所以它的別名就叫作「梅蛤」。

海瓜子肉質細嫩，口味清爽，稱它爲小海鮮之王一點也不過分。我喜歡吃帶殼的東西，所以，我對海瓜子青眼有加。不過，因海瓜子殼小肉少，山裡人通常不愛吃，嫌摳索起來不夠利落，又嫌它肉少僅夠塞牙縫。

吃海瓜子也有技巧。我一個溫州朋友，道行很深，吃起海瓜子，不是一粒一粒剝，而是舀一勺放進嘴裡，舌頭像攪拌機似的，自動進行殼肉分選。分選完後，肉下肚，殼吐出，動作煞是乾淨利落。我吃海瓜子，也差不多到了出神入化的境界。一盤海瓜子，三下五除二，窸窣就吃光了。我認爲，這是一個資深海邊吃貨的必備基本功之一。古人有《詠海瓜子》詩：「冰盤堆出碎玻璃，半雜青蔥半帶泥。莫笑老婆牙齒輪，梅花片片磕瓠犀。」瓠犀是瓠瓜的子，因排列整齊，色澤潔白，所以常用來比喻美女的牙齒。《詩經》裡就有「齒如瓠犀」，後用瓠犀微露形容女子的牙齒潔白美麗。的確，吃海瓜子吃得優雅的美女大有人在，翹著優美的蘭花指，夾一個海瓜子，輕啓櫻脣，用櫻脣之尖輕輕一吸，瓜子肉就入口中。優雅是優雅，不過，吃不爽快呀！

對貝殼類海鮮，我們慣用的辦法是白煮。海瓜子也一樣，將海瓜子放在沸水裡過一下，十秒左右，就可以撈起來了，這時海瓜子的殼，如一把把小扇子紛紛打開，露出雪白鮮美的嫩肉。裝盤，澆點美味鮮醬油，上面撒些蔥花、蒜末。這樣做出來的海瓜子，肉嫩鮮香，味濃汁醇，用嘴輕輕一吸，肉就鮮瀝瀝地落在舌頭上了。

也有將海瓜子放油裡爆炒，放少許蔥末、薑片、鹽或醬油，炒至海瓜子如爆米花一樣劈里啪啦開殼，即可起鍋。當然，火候很要緊，炒得過火，肉會脫落，這樣則無須費力嗑肉，只要在盤中撥殼撿肉便是，省力是省力，不過也掃興。有一次，請一位剛離異的女友到海鮮城吃飯，上來一道海瓜子，吃著吃著，女友忽然淚流滿面，原來她想起，剛結婚那些年，每回家中有炒海瓜子，都是她丈夫一點一點剝好海瓜子肉給她吃。那些年，有人寵著她，慣著她。而現在，曾經的恩愛不再。昨日的愛人已經是別人的伴侶了。

鐵板海瓜子的味道也不錯，在燒熱的鐵板上撒上海瓜子，澆上事先調製好的配料，海瓜子一個個張開了小嘴，像小花一樣次第綻放，露出裡面的嫩肉，脆嫩鮮美，鹹香微辣。

梅雨時不喜出門，在家燒幾樣愛吃的小菜，其中必有一樣是海瓜子，叫上幾個閨密，吃得頰齒留香，聊得天花亂墜，此時最爲愜意，看誰都是可愛又美麗。

因長在灘塗，海瓜子多含泥沙，須在淡鹽水中浸養半日，有時在酒店吃到的海瓜子還有泥沙、小石子，不過有沙礫也沒什麼，嚼起來嘎巴嘎巴亂響，顯得你牙好身體棒。

我們這裡的海瓜子看上去細皮嫩肉的，廈門的海瓜子長得就粗氣多了。廈門眞是個好地方，春夏秋就不提了，即使冬天，也比北方的初春來得嫵媚，初冬時到廈門，什麼紫花馬纓丹、硬骨淩霄、翼豆、紅花洋金鳳、蒜香藤、薑花開得猛。廈門人挺浪漫，連小吃的名字也那麼有味道，雪媚娘、桂花紅豆糕、飄香榴槤酥、椰香西米露、香芋麥包，還有飲料，菠蘿喳喳汁、紫花芒果汁、玫瑰紅豆汁、茉莉綠豆汁，聽上去分明就是一首詩。

那天晚上從鼓浪嶼回來，我們幾人結伴去吃宵夜，叫了一道海瓜子，上來的海瓜子殼小而薄脆，殼表呈褐色或淡綠褐色，是用蒜頭、生薑、辣椒翻炒的，紅綠相襯，玲瓏精緻，味極鮮美，不過跟我們平素吃的海瓜子長得不一樣，我疑心夥計端錯了菜。老板娘說，沒錯的，這就是「海瓜子」，閩南土話稱「蜆仔」或「土鬼仔」，潮州人叫作「薄殼」。後來一想，也是的，一方水土養一方人，也養一方海鮮，同是女人，閩南的女人跟我們長得不同；同是海瓜子，他們那裡的海瓜子，長得這般也就情有可原了。

端午蟶子肥

三門人把蟶子稱爲「蜻」，更多的台州人把蟶叫作「鮮蟶」，可見其味道之鮮美。

判斷一個人是不是眞正的沿海人，看他能不能叫出十種以上貝殼名就是最簡單直接的方法。我說這話也許有點武斷，不過海邊城市的人聽了大概都不會反對。

三門的海鮮眞不錯，在報社那幾年，三門走得勤，坦白地說，跟那裡的海鮮有點關係。三門幾家酒樓的海鮮挺出名，沙柳海鮮樓裡的清蒸紅膏蟹、高梘雲峰飯店的家燒鯔魚、海游龍山大酒店的原汁墨魚、喜相逢飯店的濃香野鱸、健跳新星飯店的一品魚王等等，都十分鮮美。說到海鮮，三門人總是底氣十足。有個三門的同學幾杯白酒下肚後，臉紅脖子粗，跟我猛吹，台州某任市委書記在三門吃了海鮮後，感嘆道：「三門回來不食別地海鮮。」我很懷疑這是三門人杜撰的段子，因爲我在玉環，也聽過同樣的故事，只是地點改成了玉環。

海邊人吃海鮮，講究應季時令。什麼季節吃什麼海鮮，很有一番說頭。清明前後，蟶子肥壯已有八成，到了端午，蟶子肥嫩飽滿，味道最佳，小暑前後的蟶子也不錯。最不濟的是秋天，蟶子在白露前後抱卵，寒露前後產卵，這段時間的蟶子寡淡無味，故有「八月蟶，剩根筋」的說法。

台州的蟶子，以三門和玉環的最爲出名，清代溫州司馬郭鐘嶽吃了玉環蟶子後，寫了一首《西施舌》：「西施舌本尙留香，海客偏能數數嘗。不在若耶溪上去，慚將顏色對吳王。」《三門縣志》則道：「蟶，蚌屬，以田種之謂蟶田，形狹而長如中指。一名西施舌。言其美也。」因此，台州人堅定不移地認爲，蟶子就是西施舌，我一直對此抱懷疑態度，蓋別地把沙蛤稱作「西施舌」。沙蛤呈厚實的三角扇形，外殼淡黃褐色，頂端略帶紫色，在水中常吐出一小截白肉，如美人的溫香軟舌，故名西施舌，《閩中海錯疏》中也是這麼說的：「沙蛤上肉也，產吳航，似蛤蜊而長大，有舌白色，名西施舌。」可見西施舌應是沙蛤無疑。

關於蟶子，有個笑話，說早些年，麗水人來看台州朋友，送台州朋友一籃香菇，台州人回贈麗水人一籃三門蟶。台州人後來寫信給麗水朋友，稱讚了一通香菇的美味後，問蟶子味道如何。麗水人說，爆炒蟶子很好吃，殼特別鬆脆，就是「肚腸」多了點，幸好，在炒之前把「肚腸」都扔掉了。

菜場上賣的蟶子多半是浸過水的，雖然看上去白白胖胖，但沒有鮮甜的味道，這種蟶，我們稱爲「漲水蟶」。買蟶子，要挑那種沒浸過水，渾身沾著濕泥的蟶子。要吃到鮮美的蟶子，除了看季節、看蟶齡，還要看殼識蟶。殼爲淺黃綠色的蟶子，味道特鮮美，花斑紋的次之，殼背灰白色的蟶子，味最差。二〇一四年夏天，我在上海的德國領事館辦完簽證返家，路過三門，一同事說三門「小品酒家」的蟶子特別鮮甜，一車人立馬殺進飯店，叫了一大盆蟶子。果然，蟶子的肉緊而香，還帶著絲絲甜味，鮮得要命。除了蟶子，那晚，還吃到剛撈上來的梅童魚和叫叫魚，還有泥螺，都是相當鮮美的，不負海鮮之城的美名。

蟶子怎麼燒都好吃，不過，竊以爲鐵板蟶子比較有嚼頭，鐵板上鋪上厚厚一層精鹽，好像冬天裡的第一場雪，將鐵板燒燙，再將鮮蟶放進鹽中，被燙熟的蟶子既鮮嫩又肥美。我在玉環吃到過蟶子羹，也很值得一提——蟶子羹以番薯粉和鮮蟶肉調製成，羹湯清而鮮，蟶子嫩而肥，令人回味。

除了縊蟶，竹蟶的味道也很道地。竹蟶形似竹管，比縊蟶狹長，殼淡茶色。肉不如縊蟶那般白嫩肥厚，味道卻更鮮甜。蟶子可製成蟶乾，要經過煮熟、去殼、清洗、晒乾好幾道工序。蟶乾慢慢咀嚼，別有香香甜甜的風味。《紅樓夢》裡賈府一長溜的年貨列單裡，有鹿筋二十斤、海參五十斤、鹿舌五十條、牛舌五十條等一干年貨，還有蟶乾二十斤。蟶乾二十斤可不是小數目，按當時的蟶畝產來計算，大概需上百畝蟶產出，才能晒成。賈府奢華生活可見一斑。

▲ 到了端午，蟶子肥嫩飽滿，味道最佳。

海貨醃成乾貨後，少了鮮味，卻多了嚼頭。蟶乾也不例外，台州人正月十四吃糟羹，除了豆麵、番薯粉、川豆瓣、蘿蔔乾、鹹豬肉，還少不得蟶乾。玉環人端午包麻粽，除了墨魚乾、香菇、乾蝦仁、五花肉、花生米，也要加點蟶子乾才行。蟶子乾還可用來燉湯。燉湯後，鮮味全入湯中，而蟶乾變得淡而無味。但那湯眞是鮮，喝了一碗還想喝一碗，直把你撐得扶牆走爲止。

蟹話連篇

蟹是人間的至味，誰說不是呢？咱的口福眞好啊，一年到頭，菜市場上都有各種蟹賣，有什麼梭子蟹、青蟹、大閘蟹、田蟹、岩頭蟹（三眼蟹）、沙蟹等等，甚至還有棺材蟹——我們這裡的人，把沙蟹中的「紅鉗頭」稱爲棺材蟹，大概是取其身材像棺材板之意。早些年，梭子蟹聲名在外，近年來，青蟹成了蟹中的名角兒，被譽爲海蟹之王。

螃蟹渾身披甲，面目猙獰，
長得像夜叉，
但恁地一身嫩肉卻惹人愛煞。

寧波、舟山、台州的梭子蟹都很出名，但青蟹則以台州的三門爲最。一說到青蟹，三門人往往口出狂言，搬出明代才子祝枝山的「眞乃天下第一蟹也」這句話。這樣，三門青蟹幾成了三門的形象代言蟹，車子一到三門境，大凡眼尖的人都會看到路邊豎著的巨大廣告牌，上面寫著駭人的一句話：三門青蟹橫行天下！三門青蟹的產量占全國五分之一，三門人當然有理由口出狂言，傲視群蟹。

誰是第一個吃螃蟹的人已無從考證，魯迅先生把第一個吃螃蟹的人封爲勇士是有道理的，因爲螃蟹面目可憎，玉環人就把螃蟹叫作「唧唧鬼」，言其凶惡。宋沈括在《夢溪筆談》裡記載：「關中無螃蟹，怖其惡，以爲怪物。人家每有病瘧者，則借去懸門戶。」關中人把螃蟹掛在門上驅邪，沈括戲謔道：「不但人不識，鬼也不識也。」不但關中如此，在江南，螃蟹曾被稱爲「夾人蟲」，披堅執銳橫行田中，糟蹋稻物，百姓叫苦不堪，急得對螃蟹哭拜，後來清官海瑞帶頭燒煮「夾人蟲」吃，「民亦競相捕食」，一吃而不可收。

不知從何時起，這「唧唧鬼」、「夾人蟲」被文人上升到「生平獨此求」的高度：「予於飲食之美，無一物不能言之，且無一物不窮其想像，竭其幽渺而言之，獨於蟹螯一物，終其身皆不能忘之……至其可嗜可甘與不可忘之故，則絕口不能形容。」說到螃蟹，連李漁他老人家都嫌詞窮了。他把買蟹的錢稱爲買命錢：「予嗜此一生，每歲於蟹未出時，即儲錢以待，因家人笑予以蟹爲命，即自呼其錢爲買命錢。」看來李漁他老人家是惜命的，只是看到螃蟹就不要命了。

螃蟹生前橫行霸道，但死於非命後卻極盡哀榮，「食過螃蟹有菜無味」，做蟹做到這份上也算功德圓滿了。歷代文人詠嘆螃蟹詩無數，而廚子們對付螃蟹的方法更多，蒸焗煎炒，往往能弄出個七七八八。周作人感嘆螃蟹無頭無頸只能腰斬，或是囫圇蒸煮，認爲這是一種非刑，但無從改良。

關於蟹饌，各地都有高招，廣東有潮式凍花蟹，京菜裡有芙蓉蟹黃，四川有香辣蟹，杭幫菜裡有蟹釀橙，本地有年糕炒蟹之類，林林總總不下五十種。

除此之外，一些大酒店還推出魚翅牛油焗

珍寶蟹、蟹黃魚翅、XO醬蒸蟹之類，我頗不以爲然。螃蟹是至味，何必加魚翅畫蛇添足；同樣，蒸蟹用花雕已極盡鮮美，難道用了XO螃蟹身價就更高？大酒店裡做菜喜歡化簡爲繁，像漢賦和駢文，極盡辭藻華麗之能事。

蟹饌裡的香辣蟹曾經在許多城市風靡一時，我以爲是暴殄天物，在辣味的猛烈進攻下，螃蟹的元氣大傷。辣能遮蓋百味，包括異味，所以酒店有時以死蟹冒充，可憐食客還吃得津津有味，不知有異。

我在上海的城隍廟吃過蟹粉小籠和蟹黃燒賣，一星星的蟹肉混合了少許肉餡，打著蟹粉、蟹黃的牌子，像名家作序題簽的三流作家的作品。據說還有人拿蝦蛄的黃冒充蟹黃。在西安吃餃子宴時，我也品嘗過蟹黃餃子，味道甚至比不上白菜豬肉餃。

青蟹的學名叫鋸緣青蟹，有些地方叫它蝤蠓。剛工作不久，去飯店點菜，我還鬧了個笑話：菜單上有道蝤蛑炒糕，我鬧不清蝤蠓是什麼，遂問服務員，服務員白了我一眼，說蝤蠓就是青蟹唄。我只能怪自己道行還不深，連青蟹就是蝤蠓、蝤蠓就是青蟹都不知。

芙蓉蝤蠓是我們這裡的名菜，以蝤蠓、雞蛋、青菜，加雞湯、紹興酒及調料烹成，色香味俱全。當地人視黃酒烹對蟹爲大補——對蟹就是青蟹交配季節，雄蟹伏在雌蟹背上時被捕捉的一對鴛鴦蟹，把這對鴛鴦蟹用黃酒烹食，據說能治虛補腎。中國人相信像什麼補什麼。吃核桃補腦，吃豬蹄補腳力，吃交配的鴛鴦蟹則補腎。

青蟹湯麵也是鮮美無比，選上等三門青蟹（別的什麼蟹都燒不出這個味），將其腰斬，裹上澱粉，放油鍋裡過一下，然後待水滾時放入手打麵和絲瓜。一碗麵，有紅有綠有白，其鮮無比，蟹味跑入麵條，味道遠甚於螃蟹炒年糕。

在新榮記吃過一道菜，叫蟹肉粉絲煲，我覺得它的「藝名」應該叫「銀須將軍」，螃蟹橫行，有將軍的霸氣，而粉絲白而細長，如將軍之銀鬚。「銀須將軍」裡的「銀須」味道鮮美無比，它將蟹的鮮味全盤吸收，而且極爲爽滑軟嫩。

五月，蟹子（卵）上市，餐桌上又多了一道蟹子炒鹹菜。蟹子粒粒飽滿，入口有沙沙的感覺，甚是爽脆。溫嶺人很好這一口。

海邊人做幾個蟹菜不在話下，但山裡人不太會燒蟹。外子是山裡人，某日同學送他一箱青蟹，他一股腦兒扔進鍋裡，來了個一窩端。切開後，見不熟，便將螃蟹腰斬了重新煮過，弄得蟹黃滿鍋橫流，燒落的蟹腳到處都是，我看了，痛心疾首，這簡直是暴殄天物啊。

青蟹、湖蟹味美，但價格不低。有些人嗜蟹，但出不起這個價，就拿溪坑蟹和蟛蜞下酒。溪坑蟹和蟛蜞不是稀罕物，小時候到溪坑裡玩水，翻開石頭底，多半能找到溪坑蟹，豎著兩只圓眼瞪人。有時玩著玩著，冷不防腳丫子就被溪坑蟹夾住了，拚命甩也甩不脫。前些年，我還帶著孩子到靈江邊的灘塗上捉蟛蜞，退潮後的灘塗上，蟛蜞到處亂爬。螃蟹大多橫行，因而被人們稱爲「橫行介士」。黃昏時候，幾乎所有的蟛蜞都傾穴而出，三五成群，自得其樂地橫爬著，那雙潛望鏡似的眼睛，總是警惕地向四周張望，稍有響動，就遁入洞裡。

海塗上的蟛蜞密密麻麻，手一伸，蟛蜞就被捉住了，把它放到玻璃瓶裡，看著它吐著泡泡，怪有意思的。那些買不起上好螃蟹又想解饞的人，便將蟛蜞糊上麵芡，下到油鍋裡炸了來咀嚼，據說味道不錯。作家阿成說它「小球球一樣，可以一吃一口，吃在嘴裡香香的，脆脆的，如同古怪的小吃、美妙的糖丸」。夏天的晚上到望江門散步，江邊人家把桌椅搬出悶熱的老屋，在露天下吃晚餐，桌上往往有一碟子蟛蜞當下酒菜。不過我總覺得，蟛蜞比大衣鈕扣大不了多少，似乎沒多少肉可供咀嚼的。除了油炸，有人還將它醃了配飯。

到寧波、舟山、溫州等地出差，常能吃到醉槍蟹。醉槍蟹是用糯米酒、鹽、糖、薑、蔥、花椒、八角、茴香等醃製而成的，吃時極爲清爽，但很多人不敢吃，怕壞了肚子。我還吃過蟹醬，鹹極。二千多年前的《周禮》中就載有「蟹胥」，據說就是螃蟹醬，不知寧波的蟹醬是否師出其中？

▲秋風起是吃螃蟹的好季節。

最愛清蒸蟹

螃蟹的下場，離不了蒸焗煎炒幾種。但我覺得，清蒸是對一只螃蟹最高的禮遇，與《西遊記》中的唐僧享受到的待遇等同。唐僧被妖怪抓住多回，每回妖怪都要把他蒸了吃，可見妖怪們也是頗懂烹飪之術的。

上海女作家石磊在法國看到法國男人掰開長棍麵包，喝著紅酒，心裡嘀咕道：「作孽啊，喝酒連個下酒小菜都無，拿點麵包皮湊數，嘖嘖，哪裡像我們上海人，喝個小酒，無論如何也要弄個三四只小碟子伴伴。」

我到上海出差，看到弄堂裡的上海男人，拿著毛豆、螺螄過酒，心裡也嘀咕：「作孽啊，喝酒連個像樣的下酒小菜都無，拿點毛豆、螺螄湊數，嘖嘖，哪裡像我們台州人，喝個小酒，無論如何也要弄只清蒸蟹過過。」

我堅定不移地認爲，至鮮至味的東西，只需清蒸就好。清張岱在《陶庵夢憶》中有一篇《蟹會》：「食品不加鹽醋而五味全者，爲蚶，爲河蟹。」袁枚同樣以爲，蟹最好獨吃，不宜搭配他物。這看法是有見地的。杜麗娘說自己一生最愛是天然，我跟杜麗娘一樣，一生最愛的也是天然——食物中的天然，就是清蒸，素來蝦蟹自帶油鹽，清蒸爲上。每次看到那些大酒店做蟹饌，把蟹肉剝出來炒菜、做羹，做香辣蟹，加亂七八糟的調料，我就生氣。這不是糟蹋了螃蟹就是侮辱了味蕾，還給酒店提供了死蟹充活蟹、瞞天過海的機會。

我以爲，清蒸蟹以青蟹和湖蟹味最鮮，這兩種蟹身上，常帶有汙物，清蒸前須將其淨身。當然，此淨身非太監入宮前的「淨身」。蟹殼中的泥汙有時並不易洗淨，人多半以牙刷刷洗。我有一友是牙科醫生，殺雞用牛刀，洗蟹時用上了進口的洗牙結石的專用傢伙，插上電源後，噴出一股力度很大的細流，汙泥立馬沖洗乾淨。清蒸螃蟹時，用什麼蒸架也是有講究的，宜放在竹蒸籠上，不宜用盤子，用了盤子，蟹內流出的湯水會積存，影響蟹味；也不宜用鋁製蒸架，箅子上全是圓眼，螃蟹腿盡插其中，幾條腿零落殘缺，像戰場上下來的殘兵敗將。如果用剛買的竹蒸籠蒸蟹，蒸過之後，螃蟹甚至帶有竹的清香，最妙不過。螃蟹上了蒸架，像受炮烙之刑一樣，一時間五臟俱焚，在裡面抓得沙啦啦亂響，聽得人心裡發毛，這時候，少不得念幾句阿彌陀佛替它超度。

吃清蒸蟹，調料也是馬虎不得，醋要鎮江的老香醋，醬油要用釀製的，生薑和大蒜少許剁成細末，再撒幾星白糖。蟹肉蘸上這樣的薑醋醬油，鮮得人魂飛魄散。無腸公子（蟹）上桌之時，便是吃貨心花怒放的時候，也是味蕾的高潮時分。清蒸蟹中，我獨愛大閘蟹，就像屠洪剛所唱：「這世間有百媚千紅，我獨愛你這一朵。」有一年秋出差到湖州，《湖州晚報》的老總潘文泉請我到太湖邊吃清蒸大閘蟹。現在回想起那年秋天，別的記不得了，腦海裡只剩下太湖邊的大閘蟹——敦圓憨厚，朱紅透紫，肉質鮮嫩肥白。

吃清蒸蟹時，最宜飲酒賞菊，或者說，飲

酒賞菊時，最好有蟹助興。就像古人讀書時，偏愛拉個美女陪讀吊膀子，還叫什麼「紅袖添香夜讀書」，謂之風雅。而把酒持蟹螯，向來是文人狂放不羈的形象，似乎少了菊花和黃酒，吃蟹也成了俗事。《晉書．畢卓傳》中的畢卓老兄就說過這樣的話：「右手持酒杯，左手持蟹螯，拍浮酒船中，便足了一生矣。」文人不容易滿足，但是有蟹吃的風流文人，對生活，還是很容易滿足的。

以前大戶人家，對付無腸公子有全套傢伙侍候著，小刀、小鉗子、小榔頭等全套刑具，用以敲、刮、叉、擠，吃藝精湛的，可以一絲肉纖維也不會落下，吃完了，能把它的殼拼成一只完整的蟹標本。劉若愚《明宮史》記載明代宮廷內吃螃蟹時的情景：「（八月）始造新酒，蟹始肥。凡宮眷內臣吃蟹，活洗淨，用蒲包蒸熟，五六成群，攢坐共食，嬉嬉笑笑。自揭臍蓋，細細用指甲挑剔，蘸醋蒜以佐酒。或剔蟹胸骨，八路完整如蝴蝶式者，以示巧焉。」

吃蟹最「細膩」的是上海人。據說上海人去北京，上火車前帶上一只螃蟹，到一站撕一條腿，下車才吃完。吃蟹時不過幾口老酒，就不算上海人。我看到一位上海小姐吃蟹，翹著蘭花指，輕輕地將蟹肉剔下來，小口地品著。上海人吃蟹最忌把整個蟹身都蘸上調料咬著吃，說這無異於牛飲上等的龍井。而我等海邊人吃蟹就生猛多了，兩只大螯，用利齒一咬，喀嚓一聲，殼開肉綻。上海小姐說，儂哪能介樣子吃蟹。上海小姐有所不知，我們吃海鮮，包括吃蟹，一向是粗放型。因為我們這裡的蟹實在太多了，吃不勝吃。同席的有幾個山裡人，他們嫌麻煩竟然不吃螃蟹，呵，天下還有這樣的呆子，在美味前，竟然還怕什麼麻煩。我倒要斗膽問他們一句，做人麻煩不麻煩，難道因為麻煩就不做人了？

秋風起，蟹腳癢

秋風起，蟹腳癢，
持螯賞菊，正是時候。
蟹一定要肥，菊一定要美，
酒一定要陳。

對螃蟹感情最深的文人，就是李漁。但是，江南諸地的文人，哪個不對螃蟹情深深意切切呢？流傳甚廣的一句蟹詩「不食螃蟹辜負腹」，就是宋代台州人徐似道寫的，他滿懷激情地謳歌秋天的螃蟹，還說「持螯把酒與山對，世無此樂三百年」。的確，「不食螃蟹辜負腹」，到了秋天，什麼都可以辜負，甚至愛情也可以暫時放一邊，就是不可以對不住自己的味蕾和腸胃啊！

「菜花甲魚菊花蟹，刀魚過後鰣魚來。」秋風起了，菊花開了，蟹腳癢了，比蟹腳更癢的是貪吃饞們的腳，這時不去弄幾只肥蟹吃吃，豈非辜負大好秋光？這時節，隨便什麼蟹都肥得可以，青蟹、梭子蟹、湖蟹、田蟹，剝開後蟹膏似玉，蟹黃似金。秋天吃蟹，好像開春一定要吃筍，清明一定要吃青團一樣，已經融入江南文人的生活裡。人生的樂趣大抵也是來自瑣瑣碎碎的生活細節中。要是秋風起時，不吃上幾只螃蟹，江南的文人一定覺得這一年是虛度了。人生許多事都虛無不定，只有吃進嘴裡，才有踏實的感覺。誰說不是呢？

螃蟹雖說種類甚多，但文人最愛的是青殼白肚的青蟹、黃毛金鉤的湖蟹、豐腴肥美的梭子蟹。我們這裡曾經捕獲過一只巨無霸的梭子蟹——它的大螯比手電筒還要大。三門的青蟹王更是了得，肥肥壯壯，看上去簡直就像是螃蟹精。

上海人、蘇州人一到秋天，非得弄幾只大閘蟹吃吃。在他們眼裡，除了大閘蟹，別的蟹都不算好蟹。但梁實秋先生說得實在：「蟹不一定要大閘的，秋高氣爽的時節，大陸上任何湖沼溪流，岸邊稻米高粱一熟，率多盛產。」梁先生乃蟹族知音也。說什麼蟹非陽澄湖大閘蟹不吃的人，我懷疑他沒見過什麼大世面。論蟹肉之細嫩肥美，三門青蟹跟大閘蟹絕對有得一拚。

文人嘴刁，吃蟹講究個「七尖八圓」，《巾子山志》有舊人一首詩：「氣爽天高松露碧，蟹肥酒熟菊花黃。閑吟自有逍遙處，小飲渾忘名利場。」持螯賞菊，若菊不美蟹不肥酒不香，或者吃到的是只空殼蟹，那興致是要大打折扣的。農曆七八月，是蟹最肥美的時候，農曆七月，尖臍的雄蟹滿腔脂肪；到八月菊花開時，圓臍的雌蟹滿是蟹黃。區分螃蟹雌雄，除了看臍，也有些聰明人看腿識蟹：雌蟹僅兩螯上有灰黑的一團絨毛，餘腿光潔，而除螯上有毛，八條腿上還有一排細毛必是雄蟹。男人腿毛重，雄蟹想來也是如此。

關於螃蟹宴，無論是《金瓶梅》還是《紅樓夢》中都有提及。青蟹之鄉三門，不但爲青蟹辦了個青蟹節，還在青蟹節時推出了螃蟹宴，我是有口福之人，機緣巧合吃了一回全蟹宴，便回味了好久。全蟹宴共十二道菜，以青蟹爲主料，配上反映三門當地特色景觀的「日出三門灣」、「琴江跨彩虹」、「華夏第一蟹」、「蛇蟠千洞島」等菜名，頗有地方特色。比如「日出三門灣」，就是用南瓜雕成三根柱子，中間用蛋黃象徵一輪紅日，周邊以青蟹肉爲主，加以獼猴桃、橘子和梅干菜等三種不同口味的原料調製而成。幸好是日出三門灣，要是日出九寨溝，可能要雕九根柱子了。近幾年蟹價驟貴，能吃到全蟹宴的人也不多，正如劉姥姥所說：「一頓螃蟹宴夠我們莊稼人過一年！」慚愧慚愧，下回不去吃什麼螃蟹宴了，吃只清蒸蟹意思一下就行了。

說起來，那些愛吃蟹的上海人，肯定不會相信，我們這裡的人，口福竟是這般好，一到秋天，許多單位食堂都有螃蟹供應，這在全國有幾個城市做得到！

在窗外飄進來的淡淡菊花香裡，吃幾只帶膏的蟹，喝幾杯老酒，海邊人這秋天過得呀，眞個是有滋有味啊。

九月九，望潮吃腳手

望海潮是個詞牌名，去掉中間一字，就成了一種海鮮。竊以爲，望潮是海鮮中名字起得最有詩情畫意的。看到望潮，讓人忍不住吟起一句古詩：「若知潮有信，嫁與弄潮兒。」

我們這裡的海鮮菜中，名聲在外的不少，什麼家燒黃魚、清燒鯧魚、鮑汁海葵、原汁墨魚、紅燒水潺、油烹彈塗、苔菜小白蝦、淡菜燉肉、酒煮青蟹、鹽焗海蝗等。這些海鮮美食中，我最愛清湯望潮，一提到望潮，那脆嫩爽口的味覺，便會縈繞齒頰。

望潮又叫短蛸，但我們習慣稱之爲目魚潮，也有人把「望潮」寫成「弄潮」，甚至有寫成「蟒蛟」的，尤其是後者，看了讓人有點驚駭。

望潮平日穴居海灘泥洞之中，潮漲時它便爬出洞口而望，揮舞著腕兒，似在盼著潮水到來，故名「望潮」。既是望潮，八月中秋潮水最大，故農曆八月中捕獲的望潮也最爲肥大。不過望潮盼著潮水來，不是像偉人一樣抒發些革命的浪漫主義情懷，而是企盼著潮水將蝦、蟹等美餐送上口來，有諺語云：「大頭望潮八只腳，十八後生追勿及。立在洞中望潮至，送來蟹蝦吃勿歇。」北風呼嘯時，蝦蟹少了，望潮無奈，只得吃自身的八隻腳保命，所以有俗話「九月九，望潮吃腳手」——天寒地凍，望潮卻冷清清地藏身在深深的洞府中，捧著自己的腳丫子啃呀啃。哎喲，這望潮，過的這叫什麼日子呀！

《臨海水土異物志》也寫到望潮，不過這本書裡的望潮是一種沙蟹：「招潮，甲殼綱，沙蟹科。雄蟹一螯很大，漲潮前，舉大螯上下運動，故名。又稱『望潮』。」

不是海邊人，根本搞不清望潮與章魚之間的區別，還以爲它們是一路貨。在酒店請外地朋友吃飯，點了一道清湯望潮，菜一上桌，外地朋友叫道：「哦，章魚！」做東的主人趕緊解釋，望潮雖然跟章魚是親戚，但身價可大不同，望潮要比章魚貴五六倍，甚至七八倍。

望潮跟章魚長得差不多，但個頭比章魚小多了，章魚大的有幾十斤，望潮通常只有大拇指大小。不過，望潮跟章魚一樣，都是八腕的，即通常人們所說的八爪，八爪柔韌可繞，足上各有一排吸盤。章魚的俗稱就是八爪魚。在好萊塢的災難片中，那些巨型章魚瘋狂舞動著八爪，讓人看了心裡慌。望潮的軟爪十分有力。劉儀偉的《天天飲食》，有一次介紹到清湯望潮。劉儀偉將湯煮滾，準備將鮮活的望潮倒入鍋中時，望潮紛紛用爪上的吸盤緊緊地摳住碗壁，硬是不肯就範，劉儀偉一時楞怔住了，不知如何是好。有一次與一批作家到漁村采風，一位美女作家沒見過望潮，見盆中養著望潮，用手撩撥它，不料被望潮的軟爪纏住，甩又甩不脫，嚇得大呼小叫，花容失色，大排檔的小老板用中指伸入望潮的肚下一戳——就像人被點了穴一樣，望潮乖乖鬆開軟爪。

望潮長得嬌俏玲瓏，八條細柔的觸手，搖

曳生姿，似還帶點狐媚的氣息。從「膚色」看，章魚是灰褐色的，而望潮通體透明，淺灰中隱著棕白色，細膩得如同玉石。關於望潮與章魚的區別，《本草綱目》裡也說得很清楚：「章魚，生南海。形如烏賊而大，八足，身上有肉，閩粵人多采鮮者，薑醋食之，味如水母。石距亦其類，身小而足長，入鹽燒食極美。」這「石距」實際指的就是望潮。在青島的各大酒店，我看到望潮被寫成「八帶」。

望潮的吃法有生炒、紅燒、水煮等，鬆脆爽口。不過，我覺得，越是鮮美的海鮮越適合用簡單的烹飪法，比如清蒸，比如水煮，將望潮、活蝦放在沸水裡打幾個滾，就可撈上蘸著醬油醋食之，味極鮮美。如果用濃油赤醬爆炒，吃進的都是調料味，反而失去了海鮮本來的味道。

▲清湯望潮，猶如一朵朵盛開的白菊浮在清湯裡。

有一次到溫州出差，溫州的朋友點了一道「鹽水望潮兒」。我起初以爲是醃過的鹹望潮，端上來一看，就是清湯望潮，原來溫州人有點故弄玄虛，所謂「鹽水」，其實就是用沸水生燙。

除了清湯望潮之外，尚有生炒、紅燒等吃法，蒜苗炒望潮，味道也不錯。寧波象山石浦漁港有名的海鮮「十六碗」，紅燒望潮位列其中——將活望潮剖腹，加料酒、醬油，用中小火燜燒而成。不過，再怎麼好吃，我認爲都比不過清湯望潮。

象山墻頭的紅燒望潮是當地名菜，當地人

在望潮燒煮之前，習慣把小水辣蓼塗在望潮身上，然後放在地上猛摔。辣蓼就是水辣蓼，在水邊潮濕之地多見，田間旱地亦有。望潮下鍋前，被廚師裹進辛辣的枝葉裡，在石板上摔得個七葷八素，據說經此一摔，望潮的味道更加鮮脆。紅燒後的望潮，細長的肢體不像清湯望潮裡一樣的舒展，而是整齊地向裡收縮成一圈，形似蓮花寶座。

我最愛的還是清湯望潮。這清湯望潮呀，實在美味，清湯裡浮著幾只望潮，湯裡撒著翠綠的蔥花，望潮頭部朝上，肢體舒展，白中隱隱透出輕灰，如一朵朵盛開的白菊，端的是「清水出望潮」呢。夾起一個放在嘴裡，咬在嘴裡感覺吸盤還在收縮，味鮮至極。鮮得來不及品嘗，它就滑進肚裡。有個北方朋友初次來我們這裡，我帶他去吃望潮，一只望潮下肚，以為天下無雙的美味，對準一盤望潮，揀大的來個囫圇吞，結果望潮卡在喉嚨口，上不得，下不去，乾吊著，樣子相當狼狽。望潮吃法不當的話，有時的確會要人命，當地就有一老漢赴喜宴，酒席上有一道清湯望潮，愛吃望潮的老漢吃得急了些，被望潮堵住氣管，氣絕身亡。

玉環人說自己的望潮是台州頭牌，三門人不服氣。事實上，三門浬浦的望潮也是名聲響亮的，有三門特產謠為證：「旗門青蟹健跳魚，平岩泥螺蛇蟠蟶，東郭青苔鐵場蠣，亭旁豆麵橫渡芋，晏站蝦蟣鮮又細，貓頭黃魚黃又肥，浬浦望潮笑瞇瞇，洞港海鮮好風味。」看來，浬浦的望潮跟玉環的望潮有得拚。

蝦勾彈列傳

蝦勾彈披甲戴盔全副武裝，有霸王之氣。看過周星馳《食神》的人，多半會由此記住了影片中彈力超好的美食——撒尿牛丸。

蝦勾彈，學名蝦蛄。也有人叫它琴蝦，說它橫過來看像一把古琴；還有人叫它螳螂蝦，因爲它的前胸長著酷似螳螂臂的兩螯。我們這裡把它喚作蝦勾彈。

本地民謠曰：「蝦勾彈戴頂公子帽，走起路來達達跳。」可見蝦勾彈體健善蹦，彈跳能力很好，喚作蝦勾彈也許是取其長項。蝦勾彈生性太好動，你一撩撥它就彈個不停，一副劍拔弩張的樣。溫州人形容發嗲愛作的小女人爲「蝦勾彈皮皮跳」，也是十分形象。

舊時魚貨豐盛時，海蜇、蝦蛄這些小海鮮，海邊的人是看不上眼的，豈止蝦蛄，連梅童魚也不上臺面，只有梭子蟹（或糊膏蟹）、石斑魚、黃魚、鰳魚、鯧魚等才是海邊人看重的。現在海鮮少了，這些小海鮮也身價倍增，和大魚大肉是一樣的待遇了。

早些年，蝦勾彈眞沒什麼身價。記得高中畢業的那年暑假，同學余波招呼我們到他家玩。他家在大陳島。余波的父親熱情好客，每天換著花樣給我們吃各式各樣的海鮮，石斑魚呀，大黃魚呀，我至今還記得，那石斑魚的湯濃稠得像牛奶，而大黃魚通身金黃，黃得像菸葉，全身光閃閃的。

閒著沒事，我們一幫同學天天去釣魚摘瓜撿蝦勾彈。蝦勾彈一撿一臉盆，一點不誇張！那時蝦勾彈不值錢，漁民看不上這玩意兒，出海回來，把一擔擔魚挑到空地上，石斑魚、黃魚、鯧魚之類挑走，蝦勾彈、水潺、小魚、小蝦之類棄之地上，說到時拿來磨魚粉。蝦勾彈滿地都是，大太陽底下，我們拿著臉盆去翻撿，翻出一大臉盆出來，樂滋滋地拿回去。水潺更多，不過我們看不上這軟不拉嘰的傢伙。撿回來後，余波的父親給我們做水煮蝦勾彈——那是我第一次吃蝦勾彈。

蝦勾彈背甲兩側長著倒刺，一不小心會把饞嘴割破，戳得唇舌流血。吃蝦勾彈是個技術活，余波父親耐心地言傳身教——把蝦勾彈平攤著，用筷子伸進它的尾部，按住腹面，用力一錐，肉殼就分離了。他還教我們分辨肥瘦，說「蝦勾彈屁股戴官帽，肥的弓來瘦的翹」，要吃上肥的蝦勾彈有門道，要看它脖子上有沒有長鬚。沒長鬚的較肥。還有，煮好了以後看背面，尾部以及背脊深褐色的那就是肥的無疑，肥的蝦勾彈豐腴膏滿，肉中含有一條黃，鮮美極了。

酒店裡常見的是椒鹽蝦勾彈，爆得鮮紅酥脆，既可去殼取肉，也可帶殼一塊兒嚼。不過我私底下覺得還是水煮蝦勾彈味道純粹些。冬天吃火鍋時，總少不得蝦勾彈，它們被放在一個碟子裡，蹦躂著，不安地等待著下熱鍋被涮的命運。

有一個女友極會做菜，她告訴我一個做蝦

勾彈的法子：把鐵鍋用猛火加熱到起熱浪，然後轉小火，把活蹦亂跳的蝦勾彈往鍋裡一扔，就這麼乾燒上三五分鐘，熄火，燜上兩分鐘，成了，味道比清煮的要好多了。

蝦勾彈可以活醃，鹽醃一兩天後，取來便可吃，用來配番薯粥，最好不過。蝦勾彈還可以晒乾吃，很有嚼頭，拿來下酒很不錯的。早些年，街頭有人挑著擔子賣蝦勾彈乾，一分錢一條。有一年趕上蝦勾彈盛產，到處都是挑著擔子賣蝦勾彈乾的人，一元錢可以買上好多，當零食吃，鮮死人。現在就沒這樣的好事了，市場上的蝦勾彈都賣到幾十塊一斤了。

一個在美國求學的朋友告訴我，一般的家常海鮮，在美國都能買到，價格便宜量又足，就是這蝦勾彈，他從東海岸找到西海岸也找不到。

蝦勾彈還跟一道美食有關。看過周星馳《食神》的人，多半會被星爺的無厘頭弄得樂不可支，並且由此記住了影片中彈力超好的美食——撒尿牛丸。片中的周星馳把撒尿牛丸當乒乓球打，並且滿懷深情地謳歌道：「爆漿撒尿牛丸，從來沒試過這麼清新脫俗的感覺，牛肉的鮮、撒尿蝦的甜，混在一起的味道竟然比老鼠斑有過之而無不及，簡直比我的初戀更加詩情畫意！」

片中被周星馳演繹得神乎其神的撒尿牛丸不只是電影的噱頭，此牛丸是把牛肉泥、蝦勾彈肉攪拌一起，再把蝦汁做成凍，包入牛肉中煮熟。至於取名撒尿牛丸，是因為它跟蝦勾彈有關係，廣東人、香港人把蝦勾彈稱為「撒尿蝦」，故而得名。撒尿蝦這種稱謂，據說緣於此物經常會射出一線水柱。撒尿牛丸名字不雅，不過來頭不小，它在清朝順治年間由江南古鎮松江的王氏家族獨創，後流入香港成為港島名吃。鴉片戰爭時期，港式牛丸流傳到國外，英國維多利亞女王嘗後鳳顏大悅，將該美食御封為「貢丸」。一位中醫朋友告訴我，小孩子要是常尿床，多吃點蝦勾彈肯定管用。

慕撒尿牛丸之大名，到香港旅遊時自然少不得品嘗一番，順手夾出一個丸子，學著星爺樣把牛丸往湯匙裡一扔，那牛丸還眞的彈了兩下。一嘗，的確香氣撲鼻，口感爽脆、柔嫩，不過沒有星爺吹得那麼神乎其神，詩情畫意也沒吃出來，感覺還是我們這裡的魚圓更對胃口。

▲椒鹽蝦勾彈（蝦蛄）。

酒不醉人 蝦自醉

醉蟹鮮嫩又清口，
紅紅的蟹殼上那一灘金黃的蟹膏，
如煎得四分熟的雞蛋黃，
不僅醉蟹味美，醉蝦味更佳。

有人問我，天天寫字的女子，是不是不食人間煙火？我很認眞地告訴她，我不但食人間煙火，而且還愛生食人間煙火。

沒錯，我愛食醉蝦。生吃醉蝦沒什麼稀奇，我還敢吃生魚片、生螺片，就是生猛的醉蟹，我也敢生吃，一盤醉蝦又何足掛齒？

三種海鮮，最宜生吃，一是醉蟹，二是醉蝦，三是醉泥螺。醉泥螺前文中提過，在此不表。醉蟹通常用梭子蟹，把蟹放入小口罈子，加入適量鹽、料酒、蔥、薑、糖，加蓋密封，一周後即可直接取食。

醉蟹味美，醉蝦味更佳。生吃醉蝦早已有之，唐代劉恂《嶺表錄異》中就記錄了廣東人生食醉蝦的事例：「南人多買蝦之細者，生切綽菜香蓼等，用濃醬醋先潑活蝦，蓋以生菜。以熱釜覆其上，就口跑出，亦有跳出醋碟者，

謂之蝦生。鄙俚重之，以爲異饌也。」天津人也食生蝦，《清稗類鈔》中云：「天津大沽之蝦，取諸海中，色白而鮮。他處之蝦，皆細碎不可食，惟用京法以酒澆而生嚼之，差有風味。」

蝦的作法除了烹煮、爆炒、白灼之外，更有生食法，美其名曰「醉」，也有人稱此類食法爲「嗆」——「嗆」聽起來好像蠻彪悍的一個字，而用「醉」字就好聽多了。醉是一種狀態，微醉、沉醉、酣醉都是別有風味的。汪曾祺在《切膾》裡寫過「熗蝦」，我覺得，寫成「嗆蝦」更合適，老先生在文中說：「我們家鄉的熗蝦是用酒把白蝦『醉』死了的。從前杭州樓外樓熗蝦，是酒醉而不待其死，活蝦盛於大盤中，上覆大碗，上桌揭碗，蝦蹦得滿桌，客人捉而食之。用廣東話說，這才眞是『生猛』。」早些年，這道菜有個別名叫「滿臺飛」，飯館爲了證明他們用料之新鮮，任由青殼蝦蹦出盤子，滿桌子亂跳，食客興致盎然，捉到就放嘴裡吃。

就像不是所有的人都能吃醉蝦，也不是所有的蝦都能供人生吃，這醉蝦多用河蝦中的青殼蝦，而且塊頭不能太大，也不能太小，大了不易入味，小了吃起來又都是調料，非得身材適中者，肉質才細嫩肥美。

上等的花雕酒，用來醉蝦最好不過，再加上鹽、醋、糖、薑、香菜等調料。將剪去鬚腳的青殼蝦倒進漂亮的玻璃器皿中，蓋上蓋子。蝦們受了刺激，先是蹦躂幾下，一會兒工夫就開始打醉拳了，繼而就醉倒在盤裡。蝦子喝醉酒時，那樣子與人喝醉了差不多，除了不會胡言亂語外，也會搖頭晃腦，繼而東倒西歪，眾食客在邊上說「倒也，倒也」，果見一只只呆頭蝦彎腰縮頸地醉臥沙場了，剩下酒量最好的那幾只蝦，兀自倒在盤裡伸胳膊蹬腿的。

這幾只張牙舞爪的蝦招人現眼，被人一筷

子夾了去。把它們扔進嘴裡時，還能感覺到蝦在掙扎著，它到底不甘心身首異處的命運啊。吃蝦高手們吃進嘴裡的是一只完整的蝦子，出來的則是一只完整的蝦殼，他們吃蝦只需用舌抵住蝦腹，上下齒輕咬一下蝦背，舌尖一挑，蝦肉就出來。那蝦嫩滑無比，還帶著酒的醇香。醉蝦是越活越好吃，蝦若變白了味道就差遠了。玲瓏寶宴的醉蝦，是我吃到過的最好吃的醉蝦，蝦肉豐腴鮮嫩至極，伴著酒的香味與調料的酸甜味，讓你的舌尖感受到美味的極致。難怪資深吃貨李漁感嘆：「蝦惟醉者糟者，可供匕箸。」

有些滴酒不沾的食客，食了幾只醉蝦後，臉孔緋紅，有種微醺的感覺，遂就此打住，不敢多吃，怕自己過不多久也變成一只醉蝦。

話說回來，沒有一副久經海鮮考驗的腸胃，這醉蝦是吃不得的。有一回我與女友到寧波玩，當地朋友饗之以醉蝦。當下，女友吃得讚不絕口，說寧波的醉蝦天下無雙，不料回賓館後不多時，腹中驚雷乍響，翻江倒海，折騰了一夜。

我們這裡的人吃生蝦，喜歡用河蝦中的青殼蝦，不過被吳冠中稱爲「中國的巴黎聖母院」的石塘人，喜歡用俗稱紅綠頭、大名叫中華凹管鞭蝦的海蝦生食。當然，也有用活的白蝦。五一小長假，我跟朋友去石塘海釣。撈上來的海鮮中有小白蝦，活蹦亂跳的，船老大拿了就往嘴巴裡塞，蝦鬚還露在嘴巴外呢。我看呆了，問他味道如何，他說，味道好極了，比春天的蠶豆還要鮮甜呢！

「龍」得猛的小龍蝦

一個人如果處處吃得開，當地人就會伸出大拇指，說他是「龍人」，誇他「龍顯龍」、「龍得猛」，本地電視臺有一檔節目索性就叫「台州我最龍」。龍蝦，顧名思義，就是「龍得猛的蝦」。

小龍蝦這廝出身卑微，連草莽英雄都算不上，曾經在河溝池塘裡摸爬滾打數十年，鮮有人對它青眼相加，早些年，在菜場上，花上幾元錢就可以買上滿滿一大盆。那些年，小龍蝦根本上不了大臺面，喜歡吃小龍蝦的人沒幾個，主要是覺得這玩意兒出身卑微，來自「最底層」，吃它有失身分。

頗堪玩味的是，如今的小龍蝦，搖身一變，風光無限，身價倍增，快趕上出身高貴的基圍蝦、南美白對蝦了。在夏夜的大排檔裡，它是「頭牌」，是「花魁」，是「紅角」，想

北京人管麻辣小龍蝦叫麻小，透著股親切隨意的味兒。我們對小龍蝦是直呼其名的，因爲「龍」字在我們的方言裡就是「生猛風光」的意思。

一親芳澤的人趨之若鶩，甚至有的地方還專門爲它大搞節慶。從小龍蝦的身上，我們知道什麼叫風水輪流轉，什麼叫三十年河東、三十年河西，什麼叫「王侯將相，寧有種乎」，什麼叫英雄不問出處，什麼叫「世無英雄，豎子成名」。

我有一位朋友，屬於慧眼識龍蝦的那一小撮人，在小龍蝦未發跡前，他就喜歡上了它的獨特味道。那時他隔三岔五招呼我們到他家聚餐，吃得最多的就是小龍蝦。也不知他用的是什麼家傳祕方，反正他家的龍蝦香味經常飄到巷子裡，勾得很多吃貨心神不寧。他做的小龍蝦實在美味，吃過的人都叫好，我常到他家廚房，觀摩他夫妻倆聯袂表演的爆炒龍蝦：將龍蝦兩邊的腮剪下，然後扯下小龍蝦的黑肚腸，將其洗淨。油鍋燒熱後，將薑、蒜、花椒、辣椒等作料翻炒，將小龍蝦哧啦啦一聲下了滾燙的油鍋爆炒，一番急火翻炒，一盆紅亮鮮香的小龍蝦就出鍋了。

不過現在這位老兄不吃龍蝦，改吃參鮑燕翅了。因爲他比小龍蝦發跡得還要快。

要說小龍蝦是夏日草根餐飲市場裡最「龍」的一道菜，恐怕沒什麼人反對。一到夏夜，街頭巷尾的大排檔，到處是吃龍蝦的人。夏天日腳長，晚飯後大家出門乘風涼，靠江的地方是消暑的好去處。江風吹走了暑氣，沿江的大排檔，都是喝冰啤吃海鮮的人，聲浪一浪高過一浪，叫上一大盆小龍蝦，外加幾紮鮮啤，可以消磨個把時辰。

愛吃小龍蝦的人說，小龍蝦要麼不吃，一吃就會上癮，爆炒小龍蝦的先麻後辣，又香又鮮的感覺，吸引了無數吃貨在龍蝦攤前流連忘返。這幾年，一到夏天，小龍蝦近乎瘋狂地橫掃街頭排檔和小吃攤，幾家生意特別好的龍蝦店，盛夏裡單做小龍蝦的生意，就可以賺得盆滿缽盈。夏天的晚上，你到街頭看看，人聲鼎沸的街頭排檔上，坐著一群群熱愛小龍蝦的人，桌前堆起如山蝦殼，腳下放著成排的啤酒瓶，吃到興頭處，索性赤膊上陣。看到這樣的生活場景，看到食蝦一族大口喝酒、大嘴吃蝦的生猛勁頭，再怎麼厭世的人也會熱愛起生活來。

以小龍蝦爲特色的菜不下十來種，香辣的、麻辣的、微辣的、乾煸的、泡椒的，光聽名字，就饞得吃貨們口水橫溢。前幾年，我們這裡還有小龍蝦一條街。不管香辣還是泡椒，龍蝦菜的口味大體偏辣，也就少不了啤酒相佐，當地人煞有介事地把吃龍蝦喝冰啤稱爲「龍蝦酒」。當舌頭被辣味刺激得嘶嘶作聲時，喝上一大口冰鎮的啤酒，眞有一佛出世、二佛升天的感覺。

吃龍蝦最適宜的地方就是街頭的排檔，要的就是那種世俗鬧猛的味道。講究情調的美女和衣冠楚楚的小白領願意屈尊在路邊小攤上大快朵頤，吃得滿嘴油膩，也許圖的並不是小龍蝦的什麼美味，而是圖個做人的自在快活。

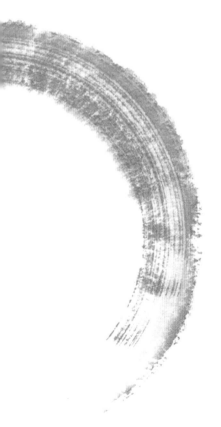

Chapter 2 魚我所欲也

江南有大江大海，也有小溪小河，
這些江河湖海，是江魚、海魚、湖魚、溪魚、河魚的樂園，
也是江南人源源不斷的美食供應基地。
江南人家一年到頭的餐桌上，永遠斷不了魚腥味兒，四季有魚吃，
實在沒錢，來碗醬爆螺螄也是好的。
菜花黃時，有豐美的塘鯉魚，還有肥嫩的昂刺頭，
濡濕的楊柳風一吹，桃花流水鱖魚肥了，
「蔞蒿滿地蘆芽短」時，河豚露面了。
江南的魚之多、之鮮、之美，
大抵在於江南獨有的地理位置、氣候條件。
我吃魚，不問出身，只求味美新鮮，從海裡吃到江裡，
從湖裡吃到溪裡，再從河裡吃到魚塘裡，身在江南，
一年到頭總能吃上十幾二十種的魚。

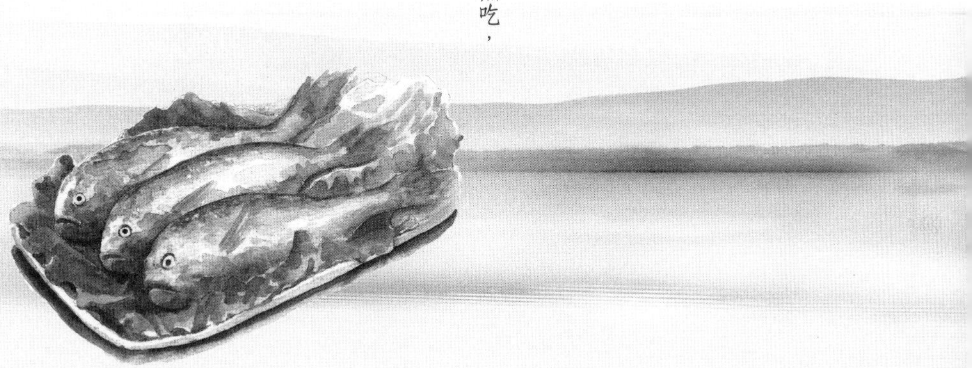

食有魚

投胎是門技術活，
投胎在江南，是一件多麼幸運的事啊，
這不僅意味著此生可以享受江南的好山好水，
還意味著可以享受江南的美女和美魚——
這兩樣，是視覺和味覺的享受，關乎生活質量和幸福指數。

江南好，不但風景舊曾諳，而且四季有魚吃。關於吃魚，有很多故事，最有名的是馮諼的故事。他是孟嘗君門下的食客。孟嘗君門下食客達三千餘人，馮諼窮困潦倒，無以爲生，投奔孟嘗君，孟嘗君問他有什麼愛好，他說沒什麼愛好。又問他有什麼本事，他說自己沒本事。孟嘗君聽後笑了笑，但還是收留了他。按照孟嘗君的待客慣例，門客按能力分爲三等：上客吃飯有魚，外出有車；中客吃飯有魚，外出無車；下客粗茶淡飯，外出自便。馮諼爲了試探孟嘗君的氣度和眼光，三番五次伸手向孟嘗君要待遇。他要的第一個待遇就是食有魚，史書上是這麼說的：「（馮諼）居有頃，倚柱彈其劍，歌曰：『長鋏歸來乎！食無魚。』」馮諼說：「吃飯時，連條魚也沒有，這日子沒法過了，俺帶著長劍回家去算了！」

其實，這個事兒，如果放在江南，根本就不是事兒。江南有大江大海，也有小溪小河，這些江河湖海，是江魚、海魚、湖魚、溪魚、河魚的樂園，也是江南人源源不斷的美食供應基地。我們小的時候，無論城裡孩子，還是鄉下孩子，誰沒有用瓦片打過水漂，用竹槍打過水仗，下河摸過螺螄捉過魚蝦呢？

江南人家，喜歡食魚，一年到頭的餐桌上，永遠斷不了魚腥味兒，實在沒錢，來碗醬爆螺螄也是好的。菜花黃時，有豐美的塘鯉魚，還有肥嫩的昂刺頭，濡濕的楊柳風一吹，桃花流水鱖魚肥了，「蔞蒿滿地蘆芽短」時，河豚露面了。江南的魚之多、之鮮、之美，大抵在於江南獨有的地理位置、氣候條件，所謂的鱸魚堪膾，必定有特定的風土人情墊底。

會吃魚的人都知道，靠海吃海，靠江吃江，靠湖吃湖，無論江河湖海，只有經歷過湍流、漩渦、暗礁的魚，肉質才細嫩肥美，在大風大浪、大江大海搏擊過的魚，味道自然不同一般的鮮，而在一潭死水中成長起來的魚，肉身鬆鬆垮垮，像縱欲過度的中年男人虛泡泡的臉，鮮味比野生的相差何止十里八里。愛吃魚的人還知道，魚的刺越多，肉就越鮮嫩，刺多和肉嫩是成正比的，有時候覺得這魚刺還眞像人的個性，才子們總是恃才傲物、桀驁不馴，奴才們多半乖巧聽話。美味的魚兒也是刺頭兒，恃鮮傲物有何不可呢？

魚之美味，自然引來各路食客，有關名人與魚的故事，從古到今，比比皆是，比如秦始皇與魚丸、吳王夫差與黃魚鯗、隋煬帝與紅燒美鯉、乾隆與松鼠鱖魚。如同各花入各眼，各魚也是入各嘴。人的味蕾也是千差萬別的，比如多寶魚價不俗，可我就是不喜歡它的味道；東星斑、老鼠斑動輒幾百上千一斤，遠不如一盤紅燒水潺更對我胃口。

江魚當然是鮮美的，如果能在江邊，買

下最早上岸的一批新鮮江鮮，那你眞的有口福了。江魚之中，以「長江三鮮」爲最——刀魚、鰣魚、河豚，古諺甚至說：「不食河豚，焉知魚味，食了河豚百無味。」河豚帶有肉刺的魚皮膠質濃厚，食之黏口，而湯之醇厚更是遠勝於參翅。但亦有人讚鱸魚味道才鮮美，唐朝時就有人謳歌它，留下「但愛鱸魚美」的詩，當然，也有人覺得鱖魚是淡水魚裡肉質最好吃的魚，味最美，一條鱖魚讓陸文夫對著山水逍遙了三個小時，他回憶起二十世紀五〇年代在江南小鎮食鱖魚的故事，筆帶深情：

這是一條小石碼頭，店主從河裡拎起一個篾簍，簍裡有一條活鱖魚，約兩斤不到。按理鱖魚超過一斤便不是上品，不嫩。可此時饑腸轆轆，卻希望越重越好。買下魚後，打兩斤仿紹，店主引其從一吱吱作響的木樓梯上，樓上空無一人，窗外湖光山色，窗下水清見底，風帆過處，群群野鴨驚飛，再極目遠眺，青

▲湖裡捕撈來的青魚，曬成青魚乾。

山隱隱，面對碧水波光，「落霞與孤鶩齊飛，秋水共長天一色」，自斟自飲，足足逍遙了三個鐘頭。

其實，鮮美而細膩的何止這幾尾魚，不管江魚或海魚，只要是剛捕撈上來的，味道都鮮美，而且適合清蒸，一尾魚，幾根蔥，幾片薑，幾瓣蒜，幾兩黃酒，成就一道鮮美無比的魚食。

那些水庫裡、河塘裡的魚，如胖頭魚、鯽魚等，雖然身價不高，但烹製的砂鍋魚頭湯已經足夠美味。湖河魚的泥草腥味較江海魚大，但只要廚師的功力好，湖河之魚照樣可以燒出至高無上的美味。例如，土腥味甚重的鯉魚，燒前將魚橫切數段，用刀平拍，鯉魚的筋便會露頭，拿鑷子夾住抽之，便去其腥，燒時猛加料酒和醬油，油濃醬赤，鮮美無比，完全蓋過了它的土腥味。鯽魚也一樣，它是最普通不過的魚，可以清燉，可以紅燒，民間用它爲產婦催乳，江南民間有「冬鯽夏鮎」的說法。冬天是吃鯽魚的好時候，尤其是冬至祭祖時，杭州人家家戶戶都少不了它。飯店裡慣常見的是鯽魚豆腐湯，可味道比家父燒的紅燒鯽魚差十萬八千里，家父燒的紅燒鯽魚眞是味美無雙，魚肉吃光了，魚湯我一滴也捨不得剩下，拿來下飯，我覺得比鮑魚的湯汁鮮美多了。

就算最是平庸無奇的鱅魚，土話叫大頭鰱的，選兩三斤重的魚頭上火燉，把魚頭裡的骨髓熬出來，再放點豆腐，可以稱之爲至味。還有一種叫大青魚的，大的能長到上百斤以上，每次水庫放水，都可以見到巨大的青魚，好像魚精似的。這種魚嘴稍尖，全身烏青，喜食螺螄貝類，所以也叫螺螄青，杭州人喜歡拿它晒魚乾，老底子的年貨裡總少不了它。

還有種烏魚，也叫黑魚的，生性凶猛，胃口奇大，能吃掉某個湖泊或池塘裡的其他魚類，甚至凶殘到不放過自己的幼魚。它的魚鱗、魚皮、魚肉都很粗糙，肉很粗，腥味又重，就算加了黃酒，也掩蓋不住腥味。我討厭它食相凶猛，更不喜歡它粗糙的肉，吃過一次就再也不要吃了。但台州民間說，吃了黃酒燉黑魚，補力得很，開過刀的人一定要吃。

身在江南，又喜歡吃魚，一年到頭總能吃上十幾二十種的魚。我吃魚，英雄不問出身，只求味美新鮮，從海裡吃到江裡，從湖裡吃到溪裡，再從河裡吃到魚塘裡。眞正會吃魚的人，魚身上的任何一樣東西都捨不得扔掉，他們吃魚雜，據說可以明目；也吃魚鱗，將魚鱗收集洗淨，用文火熬成魚鱗凍，據說可以讓膚色細白如瓷。

魚游在水裡，跟人活在世上一樣，也嚮往著溫暖和光明。傳說，魚也只有七秒鐘的記憶，無論多麼喜悅和悲傷，過一會兒就會完全忘記。忘記不是什麼壞事，江湖風雨多變幻，滾滾紅塵經不起情感的千迴百轉，所以相濡以沫，有時不如相忘於江湖，有句話是對的——「世界上只有兩種可以稱之爲浪漫的情感：一種叫相濡以沫，另一種叫相忘於江湖。我們要做的是爭取和最愛的人相濡以沫，和次愛的人相忘於江湖。」

正是河豚欲上時

食河豚，清明時節最佳。
有句詩不是寫得很直白嗎？
蔞蒿滿地蘆芽短，正是河豚欲上時。

清明一到，免不了想到春江水暖、河豚欲上，還有鱸魚堪膾、煙渚鷗鷺。說到鱸魚，它不僅僅是條魚，身上還有很多鄉愁的味道，以致一到春天，很多人會爲鱸魚動了歸興。唐朝詩人項斯有一首詩：「行到鱸魚鄉里時，鱠盤如雪怕風吹。猶憐醉裡江南路，馬上垂鞭學釣時。」

作家阿城說，所謂思鄉，他觀察了，基本是由於吃了異鄉食物不好消化，於是開始鬧情緒。唐代詩人項斯一思鄉，寫來寫去不過鱸魚堪膾，他這個山裡人，哪裡知道，在萬翠齊滴的早春，家鄉的河豚比鱸魚不知要美味多少倍？

清明好像是一個界限，這個時節，宜於懷人，宜於踏青，宜於賞花，更宜於品味。林間原野，姹紫嫣紅開遍，春江水暖，多少魚兒隨

暗流湧動，許多美食過了清明，就不再鮮美。河豚如此，刀魚、螺螄也一樣，還有春筍、薺菜、馬蘭頭、苜蓿……過了這一時節，美味便大打折扣。

河豚是個老毒物，肉嫩味美，卻有劇毒，所以有「拚死吃河豚」的說法，換種說法就是，吃河豚的，都是不怕死的壯士。我平時挺怕死的，一到春天，就不怕死了，因爲又到吃河豚的時節了。河豚眞的味美啊，肉細膩、滑軟，那乳白色的湯，又鮮又綿，其香極郁，這味道不是「清鮮」，而是「鮮稠」，眞的是太過鮮美了，初吃，還以爲自己喝下的是一勺雞精呢。「河豚之鄉」揚中有句俗話，「鰱魚的頭，青魚的尾，刀魚的鼻子，河豚的嘴」，意謂這些都是魚族味道最上乘的部位。其實，河豚最鮮美的部分在雄性河豚的精囊，即河豚魚白，端出來時卻被喚作「西施乳」。西施乳，多麼香豔的名字，絕色美女的酥胸，怎不讓人浮想聯翩。而去了劇毒的河豚肝，則被喚作「美人肝」。中國文人，最擅長的，還是「意淫」。

揚中的河豚出名，三門的河豚也很出名。我春天去三門「打春風」，所謂打春風，就是清明時到三門吃河豚；秋天到三門「打秋風」——菊花黃時，去三門吃青蟹。有一年清明到三門吃河豚，吃河豚前先到蛇蟠島轉一圈，中國第一部在國際上獲獎的影片《漁光曲》就是在這島上拍的。哼著《漁光曲》，在島上瞎逛，「雲兒飄在海空／魚兒藏在水中／早晨太陽裡晒漁網／迎面吹過來大海風」，哼著老曲子，感覺有點惆悵，是時光流逝的那種傷感。

傷感歸傷感，惆悵歸惆悵，到了三門，河豚還是要吃的。吃了這裡的河豚，傷感和惆悵統統不見了。

河豚入湯，清蒸、紅燒均佳。三門人烹製

河豚用的是類似「農家菜」的粗放作法，不像日本人，對河豚的烹製已到了另一境界，日本的河豚生魚片薄如蟬翼，可見盤底精緻的花紋；而河豚火鍋，碩大的拼盤內，擺放著鮮紅的魚塊、雪白的年糕、嫩綠的鮮菜、褐色的香菇，光看顏色，就讓人食指大動。日本料理是視覺的盛宴，色香味自是不用說，至於吃得飽否，則另當別論。但若要吃得盡興，還得吃三門的土廚師土法炮製的河豚，放在大盆裡端上來，切成大塊的河豚肉，鄉土氣息甚濃，看著就覺得帶勁。這兩種燒法，前者像是書法裡的小楷，精緻而拘謹；後者像是酒後寫的草書，奔放而灑脫。

我是有口福的人，吃了很多回河豚，嘛事也沒有。師兄洪衛，才子一枚，有名士做派，他極嗜海鮮，有一次到三門採訪，吃到河豚，大讚河豚味之鮮天下無雙，沒想到樂極生悲，引發嚴重過敏，去醫院掛了幾天針。幾天後，

▶食河豚，清明時節最佳。

過敏是好了，但從此沾不得任何海鮮，有一回同他一起赴宴，上了一道蝦皮芥菜，他夾了一筷，大驚小怪道，有海鮮！我說，在哪裡？他夾了一片比他眉毛粗不了多少的蝦皮說，這不是海鮮嗎？敢情他現在連吃蝦皮也過敏！

吃河豚過敏算是小意思，據說當地有一個局長，吃了河豚，中了毒，嘴脣發麻，說不出話來，急送醫院，才把老命撿回來。難怪日本詩人蕪村寫了俳句道：「食過河豚蒙頭睡，醒來仍覺在人間。」所以，在吃河豚時，吃貨們產生一些悲壯的聯想也不奇怪。

我有個不要命的朋友，覺得吃無毒的河豚沒意思，他會讓廚師在烹調時滴幾滴有毒的河豚血進去。河豚血有劇毒，食後舌頭和嘴脣發麻，有種輕飄飄的感覺，是那種酒至微醺的舒適感，據說還帶有性愛高潮時讓人欲仙欲死的感覺。他說這樣才有拚死吃河豚之感，在我看來，這是亡命之徒的遊戲，還是不玩爲好。

說到河豚，當然得提到蔞蒿，蔞蒿能解河豚毒，唐人楊曄《膳夫經手錄》說河豚「有大毒，中毒即死，灌蔞蒿汁即復蘇」。前些年一直不知蔞蒿爲何物，直到讀了汪曾祺的小說《大淖記事》，才知此物可食。巧雲和十一子幽會的地方，就是一片蔞蒿地。恐人不識，汪曾祺特意加註道：「蔞蒿是生於水邊的野草，粗如筆管，有節，生狹長的小葉，初生二寸來高，叫作『蔞蒿薹子』，加肉炒食極清香。」汪先生是美食家，所言定然不虛。在散文《故鄉的食物》中，汪先生又提起蔞蒿，並解釋所謂蔞蒿的清香，「即食時如坐在河邊聞到新漲春水的氣味」。蔞蒿我沒吃過，不過，新漲春水的氣味我是熟悉的。

大頭梅童

我覺得「大頭寶」的名字簡直就是暱稱，這跟當娘的喚自家的小寶貝，叫什麼「心肝包」一樣。有些女人，還喜歡把自家的小寶貝，肉麻地叫成「肉肉」。這「大頭寶」三字，也有說不出的親暱。

關於梅童魚，有個傳說，說東海龍王張貼皇榜爲小龍女招東床駙馬，梅童魚托箬鰨魚（比目魚）去做媒，怕箬鰨魚講不到位，自己躲在龍柱下偷聽。沒想到，龍王聽說梅童魚想娶它家女兒，恨梅童魚不自量力，一巴掌下去，把媒人箬鰨魚的兩只眼睛打在一起。梅童魚見勢不妙，起身就溜，一頭撞在龍柱上，額角腫得像銅錘般大，所以成爲大頭梅童。看來，無論是龍宮還是天庭，結婚，都講究門當戶對。不過，梅童魚眞要是娶了高幹子女小龍女爲妻，估計婚後的日子也未必那麼輕鬆自

梅童魚長得童稚可愛，頭很大，所以又叫大頭梅童。溫州有歇後語：一簍梅童魚——都是頭。別地有稱它「大頭寶」的。

在。

梅童魚跟黃魚是叔伯兄弟，黃魚有七兄弟——大黃魚、小黃魚、黃姑魚、梅童魚、鮸魚、黃唇魚和毛鱠魚，都是石首科。《台州府志》裡寫到黃魚：「其小者曰『郎君』、曰『黃衫』。又其次盛於春者曰『春魚』，僅尺許。」至於梅童，則是：「似石首而小，黃金色，味頗佳，頭大於身，人呼爲『梅大頭』。出四明梅山洋，故名『梅魚』。或云：梅熟魚來，故名。」梅童魚顏色金黃，形似幼年的大黃魚，不識貨者叫它小黃魚。其實，梅童魚就是這小細模樣，再長也長不成黃魚的，眞正像黃魚的應是黃姑魚，僅次於大黃魚、小黃魚，位居老三，又稱「黃三」，按《台州府志》的說法，應是「黃衫」。

有一次到上海，上海的朋友鄭重其事地說，晚上請我到她家吃小黃魚。招架不住她熱情洋溢的邀請，再加上在上海一周，吃多了甜膩的上海菜，我抱著很大的期望值，穿越了大半個上海城去她家。她在廚房裡忙了老半天，結果端上來一看，是梅童魚，而且因爲冰凍過久，肉如棉絮，一點吃頭也沒有。

剛起捕不久的梅童魚，眼睛澄亮，透骨新鮮，用以清蒸，加上紹興黃酒、薑絲，再撒點鹽，其味之鮮、肉質之細嫩，吃到嘴裡好像馬上會化掉，那種鮮，好像直接從海裡蹦到餐桌上來似的。有句話不是說嗎，「冷水梅童賽黃魚」。明朝時，梅童魚專做珍饈獻給皇帝膳用，因此也稱「貢魚」。所以，千萬別小瞧了梅童魚，好歹人家祖上發達過。梅童魚以正月時最鮮，故有「正月梅童魚」的說法。

有一年，東海漁場梅童魚盛產，我恰好在海邊縣城玉環採訪，同學請我到海邊的漁家大排檔吃海鮮，都是些剛打撈上來的海鮮，離水不過一兩小時，想要不鮮都難啊。剛打撈上來的梅童魚肥美細嫩，鮮到極點，魚肉吃到嘴裡還帶點甜絲絲的，可謂海鮮之最高境界——鮮甜。那幾天天天吃梅童魚，清蒸、乾煎或做湯，各式各樣的燒法都嘗遍了，還意猶未盡。過了一星期，想念那裡的梅童魚了，又直奔玉環而去。

清蒸水潺梅童是海邊常見的漁家菜之一，一條梅童魚、一段水潺搭配著蒸熟了吃，極鮮美——水潺有荊釵布裙的清新質樸，而梅童魚是小家碧玉的矜持可人。秋天時，我到杭城看菊展，入住杭州之江飯店，看到電梯裡貼著酒店的各種招牌菜，有一道是水潺棉同，看到「棉同」二字，我一時沒反應過來，看了照片才明白，原來是梅童魚，做菜單的人真沒有想像力，把「梅童」寫成「棉同」，一點詩意也沒有，生生負了杭州「風雅之城」的美名，這「梅童」成「棉同」，就好像把章子怡寫成「章子姨」。

人人都道黃魚好，不過，作爲一名資深的吃貨，我得實話實說：如果不講虛名的話，與其在高級飯店吃冰凍過的養殖黃魚，不如到海邊排檔吃透骨新鮮的梅童魚。吃海鮮，不能以價格高低論檔次，鮮甜好吃就是硬道理——至於什麼樣的魚稱得上「鮮甜」，不用我多解釋，只要是海邊人，都能心領神會。

比寶娥還冤的鯧魚

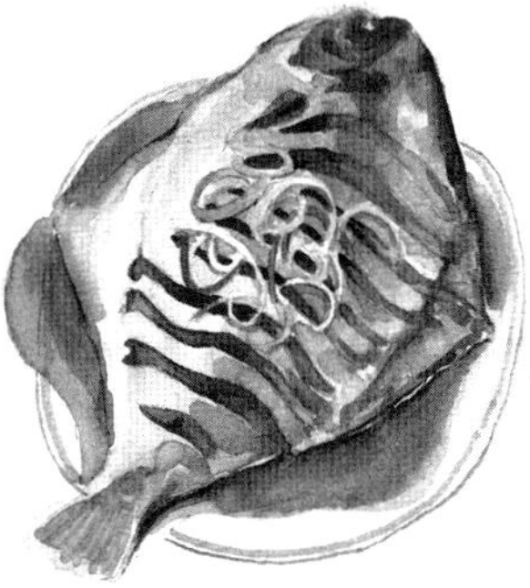

農曆三月的鯧魚是我的心頭之愛，
新鮮的鯧魚扁平闊大，
白色的腹部如絲綢肚兜，
滑溜溜，光閃閃，難怪被稱爲銀鯧。

台州靠海，不過台州的海黃不拉嘰，沒啥看頭。有一次西部的朋友來，帶他去看台州的海，以爲會引發出他的豪情或詩意，沒想到，他跟我嚷道：「啥？這就是台州的海？這麼黃！俺以爲黃河改道了呢。」但就是這片黃不拉嘰的海，盛產各式各樣的海鮮。

海邊人說「正月雪裡梅，二月桃花鯔，三月鯧魚熬蒜心，四月鰳魚勿刨鱗」，的確，海邊人誰不知「三鯧四鰳」，農曆三月鯧魚的味道最是鮮美，到了四月，則是吃鰳魚的好時候。

寧波人平素蠻實際的，但是寫起鯧魚，一個個都是深情款款，《寧波志》裡記載的鯧魚：「身扁而銳，狀如鏘刀，身有兩斜角，尾如燕尾，細鱗如粟，骨軟肉白，甘美，春晚最肥。」相比之下，三國沈瑩在《臨海水土異物志》中寫得太簡單了：「鏡魚，如鏡形，體薄少肉。」古代台州人把鯧魚稱爲鏡魚。其實，鯧魚豈止體薄少肉，它口小牙細。台州人形容一個人嘴小漂亮，就說是「鯧魚嘴」。在老輩人眼裡，男人闊嘴巴、女人鯧魚嘴，謂之好相。

明代屠本畯在《閩中海錯疏》中寫道：「魚以鯧名，以其性善淫，好與群魚爲牡，故味美，有似乎娼，制字從昌。」李時珍《本草綱目》也道：「魚游於水，群魚隨之，食其涎沫，有類於娼，故名。」說鯧魚風流成性，故名爲鯧。有些地方認爲鯧魚下流，結婚宴席上黃魚、上白蝦、上河鰻，就是不上鯧魚。其實，這是冤假錯案，鯧魚的作風還是很正派的。李時珍說鯧魚游動時，口中會流出唾沫，引得小魚小蝦追逐而行，舉止輕浮如娼妓，這是因爲鯧魚在排卵，鯧魚子產出體外後像珍珠般一串串的，引來魚兒吞食。一條貞節烈魚，就這樣生生被人誹謗了幾千年，鯧魚眞是比竇娥還冤哪。

犬子不愛吃魚，嫌刺多，唯鯧魚例外，因其肉質細嫩、肥腴而刺少。新鮮的鯧魚，紅燒、清蒸都好吃。有一年朋友送我一大袋剛撈上來的海鮮，有魚蝦蟹等，新鮮得還帶著大海的氣息，其中一條大鯧魚，足有蒲扇那麼大，讓我犯了愁——那麼大一條鯧魚，一家三口如何消受？魚大肉厚，不知如何才能燒入味，按我通常作法，便是在魚肉上先開幾條「井」狀的縫隙。一個朋友，主中饋慣了，隨手拿過我手中的鯧魚往砧板上一放，橫削直劈，明刀連著暗刀。未燒好之前還未見他刀法之妙，待鯧魚端上桌來，但見鯧魚肉身呈菠蘿紋狀，味道已入其中。我叫了幾個要好的朋友，把這條大鯧魚消滅。一併消滅的，除了鯧魚，還有好幾瓶黃酒。

有人說，鯧魚越大，味道越美，我倒是覺

得，鯧魚以中等個頭最佳，魚大了肉質也粗了，我喜歡吃小一些的魚，小帶魚啊，小黃魚啊，圖的是鮮嫩。任何生物都是幼小者鮮，像雛鴿、童子雞、乳豬之類。不過，也許是我燒得不得要領。

像鯧魚之類的海鮮一定要趁熱吃，冷了的話鮮味「跑」掉，腥味出來了。李漁在《閑情偶寄》中說過：「魚之至味在鮮，而鮮之至味又在初熟離釜之片刻。」說得極是。

本地人燒鯧魚喜歡跟年糕連在一起，燒好後，鯧魚肉嫩滑爽口，海鮮滲透到原本淡而無味的年糕裡，年糕也吸收了魚的精華，吃起來別有風味。海邊小飯館燒的蒜苗鯧魚和鯧魚年糕簡直就是神來之筆，很值得一吃，是那種家常的燒法，也沒見放什麼佐料，但就是比大飯店燒得好吃。美食眞的在民間啊！

鯧魚除了清蒸紅燒外，還可糟製，清代的蒲松齡在《日用俗字・鱗介章》記道：「街上蟶乾包大簍，海中鯧魚下甜糟。」想來，糟鯧魚的味道也是不賴的。鯧魚亦可煮粥，《嶺表錄異》說鯧魚「肉甚厚，肉白如凝脂，止有一脊骨。治以薑蔥，粳米，其骨自軟」。不知鯧魚粥跟魚龍粥味道是否有得一拚。

我喜歡吃魚子，但有人說，鯧魚子不能吃，《本草拾遺》就言之鑿鑿稱：「腹中子有毒，令人下痢。」我不信，嘗了一口，鯧魚子和黃魚子一樣，鮮嫩而滑脆。幾個貪吃驚朋友，三下五除二，吃完鯧魚子，照樣神色自若，談笑自如，未見有人「下痢」。看來，古話就像男人的情話，有時是信不得的。

帶魚打鱲兩頭尖

「帶魚打鱲兩頭尖，張嘴裡面帶刀劍」，是小時候念過的童謠。帶魚長相猙獰，面露凶相，它長了副尖嘴利牙，這廝相當貪吃，蝦啊，蟹啊，任什麼好吃的送到嘴裡都會嚼啊嚼啊嚥下肚，找不到別的食物，對自己的同胞兄弟也會下手。東海的漁民釣帶魚時，釣上一條帶魚，常會拖上一串串的帶魚，因爲帶魚自相殘殺，前一條帶魚的尾巴被後一條帶魚咬住，就這樣，像接龍似的，一咬就是一串。

小時候，除了海帶、炊皮，帶魚是大多數家庭吃得最多的海鮮，那時買帶魚是要魚票的，過年時爲了買到帶魚，大人們老早就去排隊，買得兩三條帶魚，洗淨，掛檐下晾乾，就成了春節餐桌上的美食。

剛撈上來的帶魚銀光閃閃，沒打明礬沒漲過水，肉看上去，又緊又實，用以清蒸最合

海邊人燒海鮮有約定俗成的搭配，比如彈塗配梅干菜、紅燒鯧魚配大蒜苗或年糕、小黃魚配雪菜、黃魚鯗湯配冬瓜、鰻鯗絲配芹菜，煮帶魚呢，一定會配蘿蔔絲。正是這樣的搭配最能體現美食的精髓。

適，佐以料酒和薑絲，抹上鹽，撒幾粒白糖，放到灶上清蒸十來分鐘，鮮中帶肥、肥中有甜、甜中有鮮，三味交融，鮮美得不像話。我在漁村吃過帶魚飯，新鮮的帶魚切段，放在糯米飯上燒，又鮮又香。有些人燒帶魚不得要領，覺得帶魚腥氣重，拿濃油赤醬對待剛撈上來的新鮮帶魚，我看了直搖頭，這不是暴殄天物嗎？

帶魚一定要吃本地的，且以冬至前後爲最佳時節。寧波人最喜歡吃一種叫「雷大王」的帶魚，皮薄、肉厚、鱗花，眼睛不大，但像龍眼核一般透亮，都說眼小聚光，敢情這帶魚眼睛也是眼小有神的。那種產自熱帶海域的帶魚個頭大，但大而無當，肉質粗糙，吃起來不得要領。非洲鯽魚也一樣，粗糲糲的肉，哪能比得上野生鯽魚的細皮嫩肉？

本地人燒帶魚，喜歡把帶魚跟菜頭絲一起燒，這種燒法別地似不多見。我覺得在燒菜上就可以看出一個地方的創新力。菜頭不是蔬菜的頭，而是白蘿蔔，本地方言，把白蘿蔔稱爲菜頭。帶魚熬菜頭絲，這道菜也可以算是當地的特色菜——帶魚的鮮美之味被蘿蔔吸收，而蘿蔔絲則去掉了帶魚的腥味，眞是你中有我，我中有你。不僅如此，蘿蔔絲細嫩化渣，湯汁帶著濃濃的帶魚滋味，無論吃魚還是吃蘿蔔，口感都很不錯。所以本地民謠《月節魚名》說「十二月帶魚熬菜頭吃勿歇」。爲啥吃勿歇？好吃唄。

捕撈帶魚有兩種方法，一是網捕，一是釣捕。「釣帶」價格遠遠超過「網帶」，因爲釣帶量少，帶魚銀燦燦的外表少受損傷，賣相好，而網捕的帶魚常因掙扎且互相撕咬，銀鱗脫落，賣相差遠了。台州的漁民曾捕獲一條長達四米的「帶魚王」，上了當地晚報的社會新聞，出風頭讓溫州人很羨慕，因爲溫州人捕獲的所謂「帶魚王」，嘿嘿，不過兩米長。

帶魚是最讓人省心的海鮮，烹飪帶魚可以隨心所欲，清蒸、煮湯、晒鯗、熏烤、滷製、油炸、油煎，樣樣味美。我在寧波出差，吃到一道冷菜叫臘帶魚，肉又緊又香，十分好吃。新榮記的黃金脆帶魚，外表金黃，肉質細嫩，味道超讚。帶魚清洗方便，用不著刮鱗，因爲帶魚的魚鱗老早就退化了，只剩下銀光閃閃的「皮質外衣」。有一次在上海的弄堂閒逛，看到主婦剖帶魚，將帶魚的銀鱗刮得乾乾淨淨，當即嘆氣。要知道，帶魚最鮮美的就在鱗裡。沿海的漁民若是外傷出血，身邊沒有雲南白藥，就刮一些帶魚鱗敷於傷處，用手指緊壓一會，止血效果不比雲南白藥差。

古人好像不太看得上帶魚，明代《五雜俎》中道：「閩有帶魚長丈餘，無鱗而腥，諸魚中最賤者，獻客不以登俎，然中人之家，用油沃煎，亦甚馨潔。」說帶魚是魚類中最卑賤的，估計就是因爲帶魚無鱗之故。同樣是《五雜俎》，又記錄這樣一件趣事：某官員到閩南地區任職，外出公幹延時，聞得一股香噴噴味道，知農戶在煎帶魚，便派人討要了一碗，覺得味美異常，回家以後每餐必以煎帶魚相佐。

不過，帶魚也有知音的，《句章土物志》中就讚美帶魚：「生深海中，色白如銀，無鱗，刺骨中有珠者，曰珠帶；小者名帶絲。」《異魚圖贊》：『佩帶誰遺，皚如曳練。』」說帶魚是西王母侍女的腰帶變的。清初詩人宋琬的《帶魚》詩則讚道：「銀花爛漫委銀筐，錦帶吳鉤總擅場。千載專諸留俠骨，至今匕箸尚飛霜。」把帶魚的滿口利齒說成是「錦帶吳鉤」，好像帶魚是江湖上行俠仗義的俠客。

專放煙墨彈的墨魚

墨魚特有本事，長了雙賊溜溜的大眼睛，警惕性倍高，它像江湖上的蒙面俠客，隨身攜帶防身武器。

本地俚語中有一句很有意思的話——「墨魚笑鮭姑，勿曉得自己窟臀烏勿烏」。烏賊遇到強敵時，會噴出墨汁做煙幕彈，逃之夭夭，故名「墨魚」。鮭姑，也屬烏賊目，我們這裡也叫「小白子」。這句俚語的意思是——大墨魚你就別笑話鮭姑屁股黑了，難道你不知道自己的屁股也是黑的？意謂咱們都是半斤八兩，沒資格取笑對方。

宋末元初的學者林昉，著有《田間書》，裡面寫到墨魚：「海有蟲，拳然而生者，謂之墨魚。其腹有墨，游於水，則以墨蔽其身，故捕者往往跡墨而漁之。噫！彼所自蔽者，乃所以自禍也歟？人有恃智，亦足以鑒。」墨魚想靠噴墨把海水染黑，伺機逃走，不想漁民恰恰利用墨魚的這一特點來抓它。

小時候，我對墨魚骨的興趣遠遠超過了墨

魚。鄰居剖墨魚，我便站在一旁，撿那墨魚骨玩。墨魚骨像一條微型舢，它可以去汙，用來擦鐵鍋，一擦就澄亮。鄰居大叔長了大黃牙，用墨魚骨擦牙，黃牙神奇地變白了。家裡吃墨魚，我把墨魚骨收集起來，攢到一定時候，賣給走街串巷的收廢品人。這些人挑著擔子收「雞毛鴨毛」，也收「雞肫皮鱉殼墨魚骨」。墨魚骨磨成的粉是一味中藥，民間常用它來催奶、安胎、治療潰瘍腫痛等病，中醫給它起了個很文雅的藥名叫「海螵蛸」。賣墨魚骨的錢，我拿來買連環畫。連環畫看多了，激發了我的作家夢。是不是可以這麼說，我的文學之路，就是借助墨魚骨起步的。

《台州府志》云：「烏賊，又名墨魚、算袋魚，或稱明府，蓋以諷貪墨吏也。」墨魚汁可以寫字，不過字跡比墨水要淡，小時候我好奇不過，用手指蘸著墨魚汁在白紙上畫神符，寫些「天靈靈地靈靈」之類的話，然後對小夥伴裝神弄鬼。舊時有些奸詐之徒，向人借錢後，用墨魚汁寫借條，初看與墨水寫的無異，不出幾年，字跡會消退得一乾二淨，他就藉機賴賬賴得一乾二淨。明代李時珍對此有過這樣的記載，墨魚腹中「血及膽正如墨，可以書字。但逾年則跡滅，惟存空紙爾」。

墨魚看上去跟章魚是叔伯兄弟，但墨魚的「鬚」是十條的，而章魚的「鬚」只有八條。墨魚跟魷魚也有幾分相似，區別在於墨魚是白色的，魷魚是淡紅的；墨魚有船形的骨頭，魷魚沒有。魷魚的俗稱就叫槍烏賊、鑞槍頭。既是鑞槍頭，也就沒有墨魚、章魚那般威猛了。

墨魚烹成的菜中，有幾道蠻出名，比如寧波、台州都有原汁墨魚。平常人家燒墨魚，下鍋之前通常要把墨魚囊去掉，把墨汁洗淨，這樣燒出來的墨魚就白白淨淨了，而原汁墨魚，是把新鮮的墨魚挖去雙眼後，連著墨汁一起煮，不加任何調料，直至水燒乾爲止。原汁墨魚又鮮又腥。形容一個人有文化時，總是說「肚裡有墨水」。其實，要想肚裡有墨水並不難，吃原汁墨魚就可以。

原汁墨魚雖鮮，但看上去黑乎乎一片，讓人聯想到打翻的墨瓶，沒吃過這道菜的人未免望而生畏。商務宴請和戀愛中的情侶要慎食這道菜，再怎麼小心吃，也會像中了暗毒，嘴唇烏黑一片，連舌頭牙齒也是黑乎乎，齜牙一笑，蠻恐怖的。

我在義大利威尼斯時，吃過墨魚麵和墨魚飯，兩者是威尼斯的美食。端上來，看上去是黑乎乎的一盤，略帶墨魚的腥味。不過吃起來卻順口彈牙，麵條和米飯充分吸收了墨魚汁的精華，再佐以義大利上好的葡萄酒，味道之美，讓人讚嘆。

寧波菜中的「墨魚大焅」很出名，好些地方都寫成「墨魚大烤」。其實，這寫法有誤，這道菜跟燒烤沒什麼關系，它壓根兒不是火中烤出來的，而是紅燒。且容我解釋一下，「焅」有兩層意思，一是火勢猛烈，二指的是用微火使魚、肉等菜的湯汁變濃或耗乾。可見，應該是「大焅」而非「大烤」——將大墨魚洗淨掏空，與肉紅燒，燒好後將墨魚筒切成圈條，味道鮮美，有嚼頭，又能下飯，我覺得比原汁墨魚好吃多了。

最讓我叫絕的是紅燒小墨魚，小墨魚整個拿來，與五花肉、紅腐乳汁紅燒，末了，再用旺火收濃醬汁，用澱粉勾芡，淋上熱油，撒上蔥段就可裝盤了。紅燒小墨魚一是鮮，鮮得原汁原味，二是很有嚼頭。燒好的小墨魚在盤子外圍排成一圈，一口一個，吃起來十分過癮。

至於下飯，「墨魚雙」最好不過。墨魚雙是將雌墨魚的胚胎醃後蒸煮而成的。墨魚雙蒸蛋，又鹹又鮮，一個墨魚雙吃完，一碗飯也落肚了。

溫嶺松門的墨魚乾很出名。立夏後，墨

魚常齊集礁岩產卵，台州人稱之爲「墨魚注岩」。海邊的俚語裡就有「四月初八滿江紅（指海蜇多），墨魚注岩蕩山黑（指墨魚多）」——農曆四月初八，海蜇盛產，江面看上去，紅紅一片，而到了立夏，墨魚特別多。所以台州人又以「墨魚注岩」形容聚集圍觀者眾。農曆的五月和十一月是墨魚盛產的季節，也是晒墨魚乾的好時節，將捕獲的新鮮墨魚剖肚，掏光內臟，然後放在大太陽下曝晒，晒乾後的墨魚表面有一層淡淡的鹽霜，呈淡紅半透明色，肉質肥厚，別有鮮味。

比起新鮮的墨魚，墨魚乾烹飪的菜也是別有風味，墨魚乾可清蒸，水發後，可與排骨或土雞合燉，墨魚乾吸收了排骨、土雞的味道，嚼起來韌勁十足，吃起來噴香。

沒有黃花魚不成宴

有道是「新河鰡魚石粘蛇，長嶼黃魚豆子芽」，溫嶺這「四大名菜」中，長嶼黃魚是頭牌。雖然在別地也吃過野生黃魚，但是長嶼的家燒黃魚的確有「當紅」的理由，湯濃色黃，味道鮮鹹微甜，酥爛適口。

我喜歡管黃魚叫黃花魚，無他，蓋因讀來有詩意。黃花魚，又名石首魚，簡稱黃魚。李時珍說：「生東海中，形如白魚，扁身，弱骨，細鱗，黃色如金，頭中有白石兩枚，瑩潔如玉，故名石首魚。」黃魚腦袋中的這兩顆石子，是區分野生和養殖黃魚的最顯著標誌，野生黃魚的石子，堅硬而色白，而養殖黃魚的，則軟而泛黃。

「沒有黃魚不成宴。」儘管風水輪流轉，酒宴的菜譜經常變，一會兒甲魚一會兒龍蝦，但是這些年來，黃花魚始終牢牢占據著婚宴酒席的霸主地位，撼動不得，是菜壇常青樹。

黃花魚味道極鮮美，也難怪歷代美食家對它津津樂道，唐代《開寶本草》介紹「蓴菜黃魚羹」的作法，用蓴菜十五克，黃花魚二百五十克，共煮煎濃汁服用，可益氣開胃。

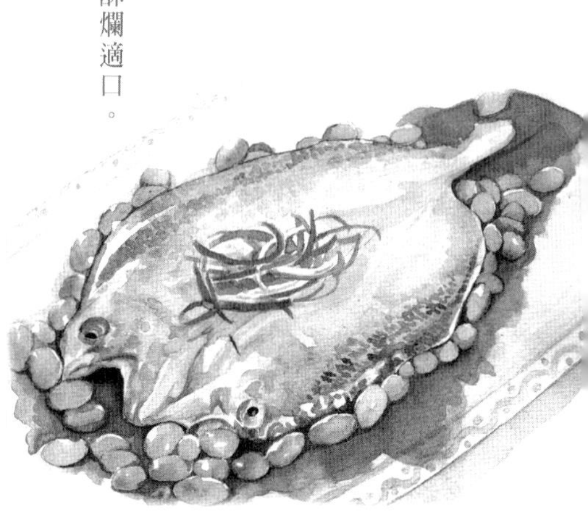

說到蒓菜，想起宋時杭州通判楊蟠作的《蒓菜》詩：「休說江東春日寒，到來且覓鑒湖船。鶴生嫩頂浮新紫，龍脫香髯帶舊涎。玉割鱸魚迎刃滑，香炊稻飯落匙圓。歸期不待秋風起，漉酒調羹任我年。」蒓菜鱸魚讓人起鄉愁，而蒓菜黃魚羹食之或許會讓人樂不思蜀。

黃花魚味美，性子也隨和，或醋溜，或酒蒸，或油炒，樣樣都可。《夢粱錄》就記載了黃花魚的多種菜色，有酒蒸石首、石首玉葉羹、石首桐皮、石首鯉魚、石首鱔生、石首鯉魚兜子、潤江魚成豉等。不過，我頂愛吃的是香煎黃花魚，風味別致，放在竹籬片上，像一片金黃的大菸葉，看著，就讓人食指大動。

野生黃魚現在是稀罕物，一公斤賣到上千元，貴得就像金條。在過去，黃魚再是尋常不過，明朝詩人王廷藩有《蛇蟠洋》一詩：「千山紫菜萬山苔，葉葉輕帆四面開。清夜船頭聲聒耳，成群石首溯潮來。」初夏黃魚成群溯潮而上，深夜咕咕的魚叫聲吵得人睡不著。台州有一首《黃魚謠》云：「春雨貴如油，谷雨在春後。點滴啓魚汛，魚對趕潮流……過了桃花汛，黃魚叫咕咕。」無獨有偶，寧波也有一首歌謠——「清明三月節，烏賊嘸處疊。四月月半潮，黃魚滿船搖。菜花子結龍頭，小黃魚結蓬頭。五月十三鰳魚會，日裡勿會夜裡會。八月蟶，一根筋。八月鰯，壯如鴨。西風起，蟹腳癢，浪打蘆根蝦打牆。」那時，一到農曆四五月間，每逢魚汛，到處都聽得到大黃魚產卵時發出的咕咕叫聲，成片成片的，吵得兩人說句話都得扯著嗓子喊才聽得到。那時汛期來時，一網下去撈上滿艙金黃鮮亮的大黃魚，魚多價賤，吃不了，漁家就晒黃魚鯗，晒得滿地都是，裸露的岩石多讓黃魚占據，像晾菸葉似的。遠望去，相當壯觀。

我小時候，黃魚可以隨便吃到。那時的黃魚也就賣一角錢一斤，最便宜時曾賣過二三分錢一斤。花上幾毛錢，就可拎回半籃子大黃魚。小時候，黃魚便宜，家裡的餐桌上時不時有一道黃魚，而且都是野生的。我那時對黃魚不感興趣，感興趣的是它頭顱內的石頭，黃魚腦中的魚石，叫「魚腦石」或「矢耳石」，大人吃魚，我不動筷，就等著夾魚腦石，然後將其集中起來當「骰子」玩。我把這事說給兒子聽，兒子面露神往之色，末了，老氣橫秋來了一句：「余生也晚。」

黃魚家族中，有大黃魚、小黃魚、黃衫、梅童魚、鮸魚、黃脣魚和毛鱨魚七兄弟。黃脣魚和毛鱨魚，身價最高，至今無緣得嘗。黃脣魚通體金黃，酷似黃魚，很珍貴，差不多稀罕如熊貓，每捕到一條黃脣魚，總能上當地晚報亮亮相。黃脣魚個大，是石首科中的大個子，差不多可長到一點五米以上。前幾年，台州漁民捕到一條二十斤的黃脣魚，一斤賣了一萬元，笑得合不攏嘴，而買者更是開心，因爲光是魚膠就可賣到二十五萬元以上。鮑翅燕肚中的「肚」，就是黃魚的鰾，黃魚肚跟鮑魚、魚翅、燕窩同一身價。李時珍《本草綱目》道：「鰾與腸皆得稱牡蠣矣。今人以鰾煮凍作膏，切片，以薑醋食之，呼爲魚膏者是也。」海邊的漁民說，如果孩子「拔節」時個頭長不開，吃點黃脣膠或毛鱨膠，個頭就會嗖嗖往上躥。

黃花魚喜歡在大海中歌唱，因爲它的鰾會發聲，聽上去就像海妖的歌聲。這種習性讓它遭遇到滅頂之災，漁民用「敲梆魚」的方法抓黃魚，幾十上百條漁船合圍水面，漁人各執兩條大木棒敲擊船梆，黃花魚怕聲，腦中的魚耳石一被震動，便會失去平衡，暈頭轉向，翻肚朝天昏浮海上。「敲梆魚」之法，純屬誤打誤撞，據說有和尚坐船去做法事，在船上「的剝的剝」敲起木魚，沒想到，卻見到成群的黃魚浮出水面。有一年，與省裡一批作家到溫嶺石塘采風，當地漁民告訴我，溫嶺有一年用「敲梆魚」捕黃花魚，收了一兩千擔，水產公司剛開始還收購，到後來都不要了。漁民便把黃花魚肚裡的魚膠挖出來，魚身全扔掉。現在聽來，有點像天方夜譚。

黃花魚醃漬、曝晒後，可製作成黃魚鯗，下飯頂好。夏天，天熱，沒胃口，來一碗冬瓜黃魚鯗，一碗飯三兩口就下肚了。溫嶺松門的白鯗十分出名，出自這裡的「臺鯗」聞名全國。當年朱熹彈劾台州太守唐仲友，除了拿他與名妓嚴蕊的緋聞下手，還拿白鯗說事。清代袁枚的《隨園食單》中，也提及松門白鯗：「臺鯗好醜不一。出台州松門者爲佳，肉軟而鮮肥。生時拆之，便可當作小菜，不必煮食也；用鮮肉同煨，須肉爛時放鯗，否則，鯗消化不見矣，凍之即爲鯗凍。紹興人法也。」

白鯗是不加鹽醃直接晒乾的黃魚鯗，「其色灰白，品質滋味，尤勝於常鯗」。嘉慶《太平縣志》卷之二載：「其貨行遠方曰松鯗，其魚名黃花魚，又名金鱗，首有二石，又曰石首。春月生子，聲如群蛙，漁人以竹筒測聽，知其頭向上，用網兩頭收合；若頭向下，即皆從水底逸去。四時皆有，春、夏用網，秋、冬用釣，總以三伏內晒者爲上。他處即有，不及松門之美，其水性異也。」松門白鯗以時令而分，有早夏、秋白、伏鯗之分，以三伏天晒製的白鯗質最好、味最鮮。陳年黃魚鯗有清心敗火之效，海邊的人，上火牙痛，會喝點鯗湯。新風鰻鯗是寧波的風味名菜，而紹興人喜歡吃鯗凍肉——「肉先煨爛，放入臺鯗同煨，鯗爛熟即可食。冬日，謂之鯗凍。」

過去，黃魚味雖美，但身價不高，而今天，黃魚轉化成奢侈的代名詞，只可惜，價鈿是上去了，味道卻差遠了——我們現在吃到的，多是頭圓、嘴小、肚皮圓滾滾的養殖黃魚，這種黃魚飽食終日四體不勤，口味比野生黃魚差遠了。

水潺不是軟骨頭

比起什麼棺材蟹、鷹爪蝦、蛤蟆魚之類，水潺的名字顯得詩意多了。看到水靈靈、圓滾滾的水潺，有時不免想起兩句詩，一句是「侍兒扶起嬌無力」——水潺柔弱無骨，只有一根細細的脊柱骨，它也沒有鱗片，看上去弱不勝衣；另一句詩就是「溫泉水滑洗凝脂」，這是因爲水潺通體雪白，幾近透明，膚如凝脂，豐腴肥美，剛出水的水潺，感覺就跟貴妃出浴似的，又白又嫩，肌膚勝雪。

水潺又叫豆腐魚，因爲它的肉如豆腐一般白嫩細軟，憑良心說，水潺嫩軟如豆腐不假，但豆腐哪有水潺鮮美呢！

水潺還有個更霸氣的名字，叫龍頭魚。寧波人有一道下飯的小菜叫龍頭鮳，就是用重鹽醃漬晒乾的水潺，鹹到發苦。一小段龍頭鮳可以下一大碗飯，寧波人眞會過日子啊。別地的人不太吃得慣龍頭鮳，嫌它味道死鹹，還說寧波人太會「做人家」。

水潺晒乾後成爲水潺乾，味也鮮美。我見

過漁民晒水潺乾，細竹枝從水潺的大嘴巴穿過，穿成一串後放到露天的架子上晾晒。水潺風乾後，通體金黃，稱爲「風潺」。水潺乾可保存許久。下酒時，蒸一些水潺乾吃吃，味道比龍頭𩶘好多了。有人問我，龍頭𩶘和水潺乾哪個更好吃？我說，吃龍頭𩶘和水潺乾的區別在於，一個是活著，一個是生活。

別小看水潺，其實它可以做成許多美食，古人有「魚之味，乃百味之味，吃了魚，百味無味」的說法，紅燒水潺的鮮美完全可以證明這一點。我以爲，水潺最好吃的作法就是紅燒，將水潺切成數段，加調味品醃漬，炒時加上蔥蒜料酒，油汪汪紅亮亮的一盤紅燒水潺上來，又嫩又鮮。

有一次我請一幫外地來的作家到碼頭吃夜排檔，上了一大桌「大牌」海鮮，他們看不上，唯獨對紅燒水潺念念不忘，說下回還要來吃。其實，海邊的人請客人吃海鮮，極少向人推薦水潺的，因爲好吃的海鮮實在太多，水潺便宜，過去幾塊錢就能買一大堆，招待客人總覺得不夠檔次。不過你不用擔心水潺受冷落，味蕾敏感的吃貨，總能像星探一樣發掘出美味的水潺來。北方有客到舟山，吃了水潺後大爲稱道，問這是什麼魚，舟山人煞有介事地說，這叫「東海小白龍」，是海鮮中的至味，要一百元一條呢。北方客人覺得舟山人太好客，這麼貴的「東海小白龍」，給他們一人一條，已經夠客氣，沒想到自己一說好吃，舟山人又給他們上了一大盤！舟山人，眞會開玩笑！

水潺有各種吃法，裹上麵粉油炸後的水潺，外脆內嫩，鮮香撲鼻。至於水潺跟鹹菜一起，燒成鹹菜水潺湯——暗綠的鹹菜、雪白的水潺，湯之鮮、肉之嫩、味之厚，簡直是色香味俱佳的人間美味。水潺燒豆腐更不錯，一大鍋白白嫩嫩的在湯裡翻滾，簡直分不清哪是水潺？哪是豆腐？總歸是你中有我，我中有你，那湯鮮得你眉毛都要掉下來。水潺還可做成水潺餅，也有稱龍頭魚餅的，將水潺去掉頭尾和脊柱骨，和上澱粉置鍋中煎，煎至兩面微黃即可食用。

水潺水分多，不易保存，過夜的水潺口感就差遠了，一經冰凍更要不得，有水產販子用福馬林泡水潺，外形看跟新鮮水潺沒兩樣，但是一下鍋，就現了原形，端上來一嘗，水潺的味道既苦又澀，吃這種水潺眞是沒意思。

我們這個地方民風彪悍，人多粗獷豪放，瞧不起「軟潺」——本地俚語以此意謂此人軟骨頭，沒有女人喜歡「軟潺」的男人。其實，說水潺軟弱有點冤枉它，水潺看上去軟，卻屬「硬骨魚綱」。水潺的魚骨雖然又細又軟，不值一提。但它不是省油的燈，它長著一張大嘴，有一圈細密鋒利的牙齒，身披鎧甲的蝦兵蟹將，有時也會成爲它的口中餐，所以叫龍頭魚不是浪得虛名。用水潺餵雞，雞會被卡住喉管，立馬斃命。我有一位師兄，姓戴，諢名「戴花」，發跡前在鄉下中學教書，鄉下中學伙食不好，他肚子裡缺油水，女朋友帶他回家見準丈母娘，師兄看到院子裡有一隻母雞，眼睛一轉，趁準丈母娘在廚房忙碌，偷偷把水潺餵給雞吃，雞吃後，倒地不起。準丈母娘不知所以然，好好的一隻下蛋母雞，爲什麼說斷氣就斷氣，只好把母雞殺了，師兄吃得滿嘴流油回校，揚揚得意向我們吹噓，自己如何用水潺智取老母雞。

▲清燉梅童魚和水潺。

水潺還可當燈點，醃過的水潺經過太陽曝晒，往燈臺上一插，能當成蠟燭，點著後遍體幽藍，過去漁家常用水潺當燈，這大概也算是海邊一奇了。

跳來跳去的彈塗

彈塗魚，在我們這裡也叫彈鯏，也有寫成彈烏的，福建人因爲它的不安分，稱它爲「泥猴」，別地的人也有稱它爲「跳跳魚」。

古書上記載：「彈胡如小鰍，頭有斑如星，潮退跳入塗中。」彈塗長得有點抱歉，它體形似泥鰍，大如手指，頭大嘴寬，兩只眼睛鼓暴出來，彈眼落睛，氣鼓鼓的樣子，身體灰褐或灰黑色，長滿花斑，故又被稱爲「花魚」——我的一位朋友，因爲喜歡追女孩子，故被我們戲稱爲「花少」。不過彈塗被稱爲花魚卻與生活作風無關。

彈塗是水陸兩棲類，平日挖穴而居，潮水一來，就往樹上爬，要不就是隨著潮水奔向大海。退潮時，它跳躍於土面覓食，一雙綠幽幽的眼珠子骨碌碌地轉著，頭左右搖晃爬行前進，像犁田似的，見到啥好吃的，來個囫圇香。初夏之時，梅雨來臨，也許天氣太過悶熱，靠尾巴和皮膚呼吸的彈塗受不了，就跳出來，此時彈塗最易被捉。

彈塗魚生性好動，既然被稱爲跳跳魚，跳躍功夫自是了得。它一刻也不得閒，好像得了過動症的頑皮孩子，一下子鑽進洞穴，一下子又滑溜在灘塗上，要不就是在岩石上跳躍前行。心情鬱悶時它還會找碴打架，打架時，它高豎背鰭彈跳起來，用胸部互撞，不明就裡的人，還以爲它們是在調情呢。

退潮時，岩石上會挨挨擠擠地排著一列彈塗，就像是列兵出操，怪有趣的，它甚至會爬到岸邊叢林的樹枝上——都說魚兒離不開水，不過到彈塗這裡破了戒，它是魚類中唯一能在陸地上生活的，而且活得相當自在逍遙。清人有一首寫彈塗的詩：「辱在泥塗自古今，再三彈處樂幽沉。想因生愛泠泠曲，流水聲中學鼓琴。」看來彈塗的生活頗有樂天知命的味道。

魯迅在散文《故鄉》裡也寫到彈塗：「我們沙地裡，潮汛要來的時候，就有許多跳魚兒只是跳，都是青蛙似的兩個腳。」我同學老郎，家住海邊，他繪聲繪色講過捉彈塗的方法：漲潮前把向上開口的短竹管一節一節插在海塗中，做成假洞穴，當彈塗魚受驚逃命時，就會受迷惑跳入其中，當地民諺有「好穩勿穩，彈塗鉆竹棍」，即指彈塗糊里糊塗，落入陷阱。另一種捕捉方法更有趣，漁人用一形如大畚箕的魚罾，在灘塗上且行且趕，如趕鴨子般把彈塗魚逼進魚罾中，斬獲頗豐。還可以手持釣竿，瞄準幾米外的彈塗魚脫手甩去，不過，這種捉法技術要求很高。我見過漁民踩著泥馬，手拿釣竿釣彈塗，十分有意思。這泥馬不是馬，而是一種類似滑板車的木斗船，討小海時，漁民一腳跪在船內，另一腳在海塗上用力蹬。

溫嶺人喜歡吃彈塗，如果一個人長得黑不溜秋，沒準會被人叫成「彈鯏」。如果這位黑皮先生又偏喜歡穿白衣，當地人不說他是烏骨雞，而是開玩笑稱他「彈鯏乾掐錫餅」——錫餅是當地的一種小吃，用小麥粉做的一種圓形的麥皮，白粉粉的。至於大難臨頭各自跑，當地人又有一句話：「彈鯏落鑊自攘命」——掉進鍋中的彈塗各自逃命。

彈塗原先不起眼，現在也身價倍增，一盤梅干菜燒彈塗，價格不菲。有一次在一酒店吃飯，點了梅干菜燒彈塗，結果盤裡都是梅干菜，僅有屈指可數的幾條彈塗埋伏其中，有人細心，一數，不過四五條，是「四面楚歌」而不是「十面埋伏」，一桌十人一人一條都不夠，叫來老板，老板嘟噥道，彈塗現在價鈿「煞甲」，不比以前吶。不說以前還好，說到以前，讓人想起可以隨心所欲吃彈塗的日子，衆人更氣憤了。

有一次陪一位廣州朋友吃彈塗。這位朋友嗜美食，平時也有點故弄玄虛。他說，吃海鮮河鮮最講究鮮吃，他認爲魚被捉的時間長了，儘管還活著，但已然不鮮，因爲「魂飛魄散」了。只有那種未被恐懼折磨的海鮮才叫「鮮」，因爲它尚有「魂」在。他嘗過彈塗後，大讚彈塗之鮮，斷定彈塗就屬於那種有魂的海鮮，因爲彈塗看上去有點「無知者無畏」。我不能不承認他講的的確有些道理。彈塗之鮮，是毋庸多言的，本地諺語有「一根彈塗熬壇菜」的說法。

彈塗魚肉質鮮美細嫩，用黃酒燉彈塗，滋身強體最好不過。海邊的孩子若夜裡盜汗或尿床，不用找中醫，漁民多半用彈塗加黃酒調服。與酒燉服的彈塗，還可治耳鳴及重聽。冬令時的彈塗最補，故有「冬天跳魚賽河鰻」之說，日本人甚至把彈塗看成「海人參」，在日文中，彈塗被寫成「五郎」。我在日本料理店吃過「五郎の蒲燒」——就是用竹籤穿過彈塗，抹上醬汁，放在炭火上烤。韓國人也相信彈塗的滋補功能，韓劇《乞丐王子》就提到彈塗魚湯，劇中女主角周薔薇的爸爸是醫生，他很感嘆地說，以前在老家，幹活累了，喝碗彈塗魚湯就渾身是勁。他不說喝碗高麗蔘湯，而說喝碗彈塗魚湯，可見彈塗魚湯的確能補人。

海邊的漁民喜歡把彈塗熏烤成彈塗乾，他們用竹片或鐵絲把一條條彈塗串起來，用木柴或稻草熏烤，直烤得彈塗七魂出竅，皮膚泛黑，身體收縮，滲出魚油，散出香味爲止。將烤乾的彈塗放通風處晾晒，就成了彈塗乾。彈塗乾風味極佳，燒年糕、燒粉絲、下麵條時放上幾條，就滿鑊飄香。

彈塗是海鮮中的好好先生，好像麻將中的百搭一樣，它與梅干菜一起，味美；與鹹菜一起，味美；紅燒，味美；熬湯，味美；煙熏成彈塗乾，亦味美。

總之，彈塗肉嫩而香，不管燒什麼、怎麼燒，都不改其美味，堪稱佳品。記得以前我工作的單位邊上有一家小飯店，店主燒得一手好彈塗，過去我常去吃，久未去了，一時竟十分地想念。

油菜花黃，昂刺魚肥

昂刺頭是一種長鬍子的河魚。長鬍子的魚不止昂刺頭一種，鮎魚、鯉魚也都有鬍子。所以，常有人把鮎魚當成昂刺頭也就不奇怪了。

鮎魚和昂刺頭都面露凶相，都有鬍子，都滑不溜丟的，不過鮎魚土腥味重，台州人稱鮎魚爲娘魚、鬍子鮎，有些台州人叫它爲「八根鬍」，聽起來好像「一撮毛」之類的外號。鮎魚一般用來做酸菜魚、水煮魚，燒時還要放很多大蒜頭、辣椒和黃酒去土腥味。昂刺頭的味道比它好多了。

長鬍子的魚都不太上檔次，也許大家覺得，是魚就不該長鬍子。不過很多人不知道，魚鬍子也可以做成名菜的。二十世紀七〇年代，柬埔寨元首西哈努克訪華，在北京飯店吃過一道菜就叫鯉魚鬚，用鯉魚鬚而不用昂刺頭、鮎魚的鬚，大概嫌它們的鬚長得不秀氣，算不上「美髯」吧。據說那頓飯花了一萬元，也許一萬元現在看來不算啥，但在當時，絕對稱得上是一個大數目了。不過依我看，這道菜

不是吃味道，而是品味奢侈。

昂刺頭魚如其名，長得大大咧咧的，像是不良少年，台州人稱昂刺頭爲「搖翅橫」——名字中帶個橫的，聽上去就像個刺頭兒。我的一位老領導，名字中也有個橫字兒，不過人倒一點也不橫。昂刺頭的身上有黃黑色的花紋，嘴邊四對長長的鬍鬚，它的鬍子不是一味的黑鬍子，而是有白有黑有黃，是花鬍子，好像時尚青年挑染的頭髮。它背上有一根昂起的硬刺，捉魚時不小心會被它刺中。昂刺魚有一特別之處，會叫。當你捏住它背部的那根硬刺，它便會「昂刺昂刺」地叫出來。我試捏過，但昂刺頭全身扭動，卻不吭聲，我覺得無趣。溫嶺人說一個人「昂刺頭」、「昂刺範」，意謂此人肉麻相。比如一個男人稱自己的老婆不叫「老太」、「肉客」，而叫「心肝」、「甜心」、「親愛的」，或者一個女人在不恰當的場合撒嬌撒癡，都有可能被稱作「昂刺範」——昂刺範，在台州不是什麼好話。不過，我看不出這跟昂刺頭有什麼關係。

昂刺頭的名字和形象都有種生猛的霸氣，如果它是人，起的名字估計就是「金鏢黃天霸」之類。昂刺頭的書面語叫「黃顙魚」，古人則稱之爲「黃頰」，元詩「一溪春水泛黃頰」講的就是它。春水漲時，「油菜花黃，昂刺魚肥」。在台州，關於昂刺頭還有一種叫法，叫作「黃先生」，很擬人化，也很有意思。在湖北話和安慶話裡，昂刺頭被叫成「安丁佬」或「安丁胡子」，湖北一些地方，也有叫成「黃丫頭」的，家常隨意得像招呼鄰居家的小丫頭。

以前大小河道裡，昂刺頭極爲常見。小時候看過人家在河裡撈魚，撈上來的有鯽魚、虎頭鯊、青蝦、螺螄，最多的便是昂刺魚。也看過人家釣昂刺魚，只要掛鉤下水，拉上來就是一條昂刺魚，再拉又是一條。也許那時候的魚跟人一樣，都是不設防的。這昂刺魚掛在魚竿上，身子掙扎著，嘴裡還一個勁地「昂刺昂刺」叫著。有一次在女友家玩，她老公垂釣回來，揚揚自得，像個大將軍。魚桶裡有大黑魚、好幾條昂刺魚，還有大大小小的野生鯽魚。那晚朋友留我吃飯，把這些魚全燒了湯，黑魚湯、鯽魚湯、昂刺魚豆腐湯。這些魚皆爲野生，味鮮美，且沒有一絲泥腥氣，大家吃得很盡興，喝了點酒，還發了點少年狂。

紅燒昂刺頭很香，鰓邊的兩塊蒜瓣肉有指甲蓋大，味極鮮美，堪稱至味。我到湖北大冶出差，土菜館裡上了一道菜，叫野生黃魚，一看，原來就是昂刺頭，眞是蒙人哪。不過，這家菜館的紅燒昂刺頭味道眞是好，滿足了口腹之欲，這事也就算揭過了。昂刺頭燒豆腐只需多擱香蔥、薑絲，就可以汆出一鍋美味的湯，那湯潔白如乳，那種鮮美，沒法形容，謂之「奶湯」。如果一定要形容，那就是味鮮腴而絕不膩口，而魚肉細嫩得一點都不亞於和它同煮的豆腐。因爲刺少，老少都可以率性地吃。

汪曾祺老先生也喜歡昂刺頭的美味，在北京客居多少年了，還惦記著家鄉這種長鬍子的河魚。能讓著名吃貨汪老上心的食物怕不是太多的吧！可見昂刺頭的美味。

胖頭魚，大大圓圓的腦袋

寫美食，如果不爲胖頭魚寫點什麼，那眞是對不住胖頭魚啊。

胖頭魚的學名叫鱅魚，《阿Q正傳》裡則稱它爲「大頭魚」。我跟胖頭魚的交情很深。因爲交情深，每到三月，春風一起，桃紅梨白，我就往有水庫的地方奔去。什麼新安江水庫、雲和水庫、牛頭山水庫、長潭水庫，我都沒少去。江南這邊，幾乎所有水庫邊上產的胖頭魚，肉質都異常鮮美，都說清水出芙蓉，其實，清水也出胖頭魚的。這些山清水秀的地方養出來的胖頭魚，沒有土腥味，肉鮮嫩、彈牙，怎麼燒都好吃。

離我家最近的水庫是長潭水庫，附近有一村落，名魚嶴，桃花極盛。有一年春，去賞桃花，當地村民剛好給桃花修枝，我在地上撿得許多桃枝，喜滋滋地捧回家，把桃枝插到黑陶

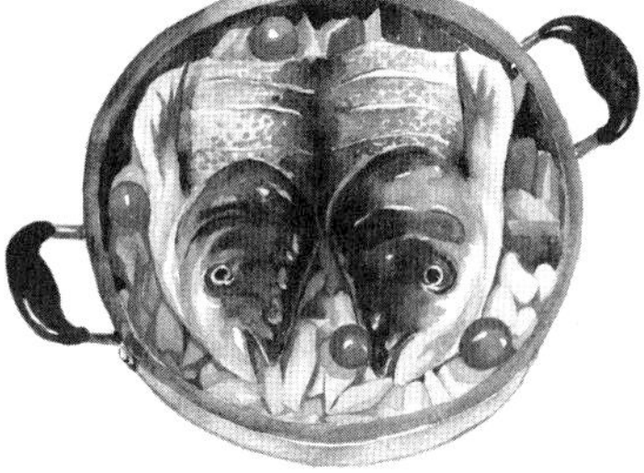

李漁《閑情偶寄》中說：「食魚重在鮮，次則及肥，肥而且鮮，魚之能事畢矣。」胖頭魚完全符合李漁的要求。

瓶中，桃花在家中妖嬈盛放，半月才謝。

到了長潭，桃花要賞，胖頭魚也要吃的。胖頭魚，恐怕是長潭水庫最響的招牌菜。我自詡意志堅定，但對美食一向缺少抵抗力。到了長潭，焉有不食魚之理。長潭水庫邊，除了胖頭魚，還有湖蝦、溪魚、螺螄、筍乾、山藥、綠豆麵、豬腳、土雞、番薯慶糕等土菜。我以自己之心度別人之腹，到長潭去的人大多是沖著胖頭魚的吧！至於看風景，多半是個幌子，就好像農民起義打的旗號都是「替天行道」，至於是爲了弄口飽飯吃吃還是做著皇帝夢什麼的，只有天知道。

俗話說，「鱅魚頭，鰱魚腹，鯽魚背，草魚肚襠，青魚尾」，意味鰱之美味在腹，鱅之美味在頭，青魚之美味在其尾，沒錯，胖頭魚的精華就在於它大大圓圓的腦袋，其他部位的魚肉乏善可陳，肉質鬆而口感差，難怪被稱爲「鱅魚」——鱅魚，魚之平庸者也。

相比於紅燒，我更喜歡白燒的胖頭魚。白燒的胖頭魚一定要是活殺的，「引刀成一快，不負鱅魚頭」——不，沒那麼痛快的。殺胖頭魚時，要先用刷子在胖頭魚的肥頭上重重一擊，經此一擊，胖頭魚就腦震盪，昏頭耷腦了。然後洗淨魚身，取下它的頭，把魚頭切成兩半。鍋燒熱，下油。燒魚一定要用肥膘熬油。將大蒜、生薑片在油中煸一下，下米醋、醬油、黃酒、糖，辣椒自是少不得，依食客口味而定，亦可放入豆腐或粉絲。用旺火燒到魚湯呈奶白色即可出鍋。出鍋前放入香菜，翠綠鮮豔，使整鍋魚湯看起來更加鮮美動人。

端上來的砂鍋魚頭湯，濃稠鮮美，鮮香可口，至於魚肉，豐厚肥腴，極爲細嫩，入口綿軟，很是入味。動物活動多的部位，肉質一定特別鮮嫩，所以，吃胖頭魚，我的筷子通常直衝魚的後腦杓而去，胖頭魚眼簾後鼓鼓的兩塊肉，極爲肥嫩。其次我愛吃魚頰，胖頭魚肥臉蛋上的肉十分細膩。至於魚下頜的嫩唇和顫悠悠、滑膩膩的膏脂，更讓人叫絕。胖頭魚肉結實，少細刺，這一點尤爲可喜。不像鰣魚，好吃是好吃，但刺多，貪吃鶩的人生三恨裡就有「一恨鰣魚多刺」。

除了紅燒、白燒的砂鍋魚頭湯，我在湖南還吃過「芙蓉魚頭王」，兩爿被切割整齊的魚頭，上面是一層紅紅的野山椒，鮮嫩至極，微辣提神，香徹透骨。吃完魚頭，把兩寸寬的手抻麵條泡進魚湯裡，這麵又筋道又鮮香，吃得稀里呼嚕，那種咄咄逼人的辣，讓人沁出微汗，直叫痛快。

至於剁椒魚頭，是川菜中的招牌菜，辣椒剁碎後與魚頭同蒸，辣味十足，像川妹子的脾氣，我在四川吃過兩回，辣，受不了。

廣東的朋友請我吃鱅魚黑豆湯。廣東人最是講究滋補了，就算已經胖得肥頭大耳，隔三岔五也要補上一補。到廣東，入住的酒店，大堂裡有一塊醒目的牌子，寫著：「特別推薦——男人湯：不老草海馬燉鹿鞭，肉蓯蓉燉鴿吞翅、鱅魚黑豆湯。女人湯：當歸烏雞燉花膠、鹿茸鮮人參燉鷓鴣、元肉雪梨燉蛤油。」下面還有說明：湯能補氣、益腎，具有降脂肪、清熱毒、止咳化痰、抗衰老、生津益肺之功效。除了男人湯、女人湯，牌子上還有杏仁木瓜燉白肺、椰青花膠燉響螺、靈芝石斛燉老鴿、羊肚菌燉花膠、野竹蜂燉水鴨、五葉神燉豬橫俐之類。我一時沒弄明白，這「豬橫俐」是什東西？廣州的朋友給我掃盲，說這豬橫俐是豬內臟的胰腺體，有清肝火之效。

廣東人堅定不移地認爲，但凡腎虧損、夜尿多、坐骨痛等等，煲一頓鱅魚黑豆湯，吃它兩三回，魚到病除。胖頭魚補不補腎不知，不過的確可以補腦。《本草求原》就說：「鱅魚，暖胃，去頭眩，益腦髓，老人痰喘宜之。」聶衛平就嗜食魚頭，據說一頓可吃五六個，難怪把聶衛平給補成了棋聖。

胖頭魚的大腦袋中有兩塊頭骨，彎曲而底部寬平，如三寸金蓮，紹興人叫「小腳婆」，可用來卜卦，也可用來許願。從前，我外婆的紅燒胖頭魚非常美味，外公每回吃胖頭魚，總喜歡找出魚骨，輕輕一拋，如果正好立住，說明心想事成；如果魚骨倒下，他會「哎呀」輕嘆一聲。而今，每當我吃著美味的胖頭魚，想到天堂裡的兩位老人，不免傷感。

▲每到三月，春風一起，我就往有水庫的地方奔去吃胖頭魚。

Chapter 3

最江南的味道

春光裡，竹筍破土而出，杭州人認為，
筍是「蔬菜中第一品」，沒有比春筍更鮮美的蔬菜。
蜜汁蓮藕，更是他們夏日餐桌上的尋常之物，
入口綿軟，色澤潤嫩，又甜又糯。
立夏時節，江南人家有品「三鮮」的習俗，
櫻桃、青梅和杏子為「樹三鮮」，海螺、河豚、鰣魚為「水三鮮」，
蠶豆、黃瓜、莧菜為「地三鮮」。
秋分與寒露時節，最宜釀桂花酒，桂花栗子羹是秋天可口的時令小吃。
立冬到了，可以採摘高橙，橙熟之時，也正是蟹肥之日。
小雪時節，吃著菊花火鍋，菊花的清香滲入湯內，
是那種乾乾淨淨的鮮美，清清爽爽的味道。

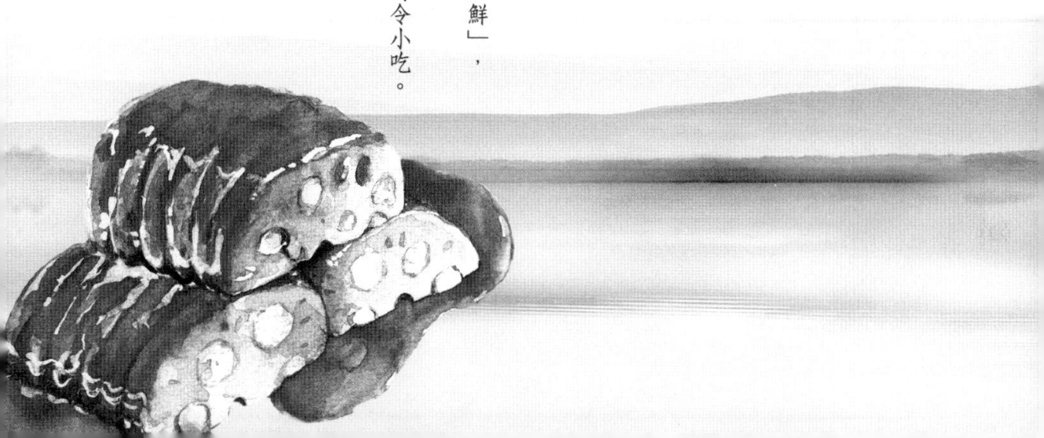

嘗鮮無不道春筍

春筍不僅嫩，而且「肥」——是白胖白胖的那種肥。清代鄉賢張泰有詩：「古寺春山筍蕨肥，行穿石徑綠侵衣。」說的就是春筍的肥嫩。而杭州人認爲，筍是「蔬菜中第一品」，沒有比春筍更鮮美的蔬菜。

春光裡，竹筍破土而出，「嘗鮮無不道春筍」，油燜春筍、醃篤鮮（是春天江南的一道經典菜肴，把春筍和鮮肉、鹹肉同煮，口味鹹鮮，肉質酥肥，筍塊脆嫩，鮮味濃厚）、雪菜春筍、春筍燒鯽魚、春筍白拌雞、糟燴春筍、枸杞春筍，都是時令美食。另有一種涼拌吃法，以春筍搭配萵筍生食，入口極爲爽脆。它有一個別致的稱謂：小青青白娘娘。多麼江南的稱呼啊！

二〇一四年開春時，山裡的朋友邀我去挖筍。他家在寧溪山裡，有茅屋，有竹林，筍發得到處都是。山鄉的黃泥筍很出名，山裡人甚至把春筍冠以「山頭黃魚」的美名。去時，剛下了一場春雨，竹林清新濕潤，三三兩兩的村民，扛著鋤頭上山挖筍，露出地面的春筍當然不會放過，就是地底下的春筍也不會漏網——他

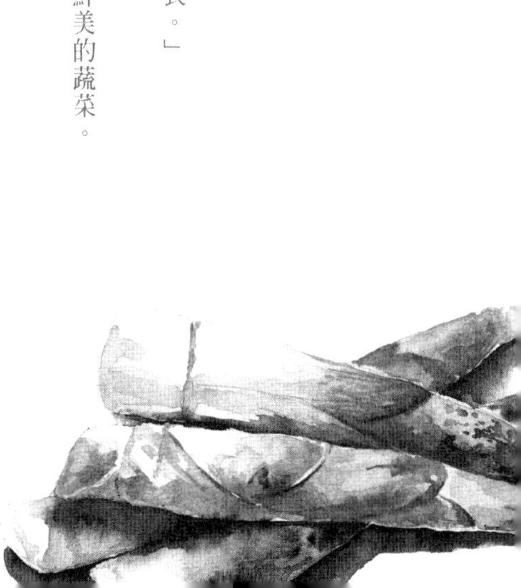

們會從泥土的隆起，判斷地底下是否有筍。春天到了，蟄伏一冬的筍使足勁往上頂，想冒出地面見見春天的陽光，扒開泥土，果然有鵝黃筍芽，一鋤下去，一支三四寸長的春筍就到手了。

在竹林中，如果你靜心傾聽，似聽見春筍拔節的畢剝聲。江南方言裡，小孩到了十二三歲，長得很快，身材也變得瘦長，謂之「拔節」——這個詞語，老讓我想到春天裡的筍。當地有這樣的風俗，挖筍時，大人帶著孩子到竹林中，邊搖青竹邊念：「搖竹娘，你也長，我也長，今年是你長，明年我與你一樣長。」筍長得很快，幾天前還是矮矮壯壯的一小截，沒幾日，就變得修長修長，再過一段時間，就成了綠汪汪的毛竹。家長希望自家的孩子，長得跟竹筍一樣快。

剝了殼的春筍最是雪白鮮嫩，還能掐出水來。難怪，在我們這裡，形容少女的容顏不是什麼「桃花臉」、「芙蓉面」，而是用「雪白筍嫩」這個詞。金庸寫黃蓉出場：「肌膚勝雪，嬌美無比，容色絕麗，不可逼視。」若讓台州人寫，肯定會寫黃蓉長得「雪白筍嫩」，一句「雪白筍嫩」給人留有多少想像的餘地啊！除了「雪白筍嫩」，這裡的人還以「筍梗樣」形容小夥子長得挺拔俊秀，如果一個小夥子被人讚爲「筍梗樣」，必定受女孩子青睞。

清代鄉賢賀正修有詩：「夏近筍初老，春深花欲稀。」詠嘆的是春筍短暫的青春期。清明前是筍的二八年華，清純飽滿，過了清明，筍就成了遲暮美人。到了谷雨，很多的筍就會變成小毛竹。

老外很感嘆中國人在吃上的探索精神，在他們眼裡，毛竹就是毛竹，怎麼可以跟吃掛上鉤呢？據說他們會把竹筍翻譯成竹芽，對於「雨後春筍」之類，他們就完全不知怎麼翻譯了。有一回跟一老美進餐，來一道筍燒肉，他第一次吃到筍，我告訴他，這筍跟他手中拿的筷子是一回事。他的表情極其驚詫。其實，不怪老外，「竹子不長秦嶺北」，哪怕是一山之隔的北方人，也常搞不懂我們南方人爲什麼如此偏愛春筍？

在美食家眼裡，筍是至鮮至美之物。李漁就說過「飲食之道，膾不如肉，肉不如蔬」。明代詩人張廷登道「樽開小酌筍猶肥」，張詩人說，雨後竹筍正肥，最宜做小酌菜肴。麗水、台州、衢州一些山裡產黃泥筍，麗水遂昌的竹筍還在《舌尖上的中國》亮過相，大大出了回風頭。其實台州、衢州一些山區的筍也很出名，這些地方山高背陰，松竹遍布，山筍的味道特別鮮美。清代的文學家潘耒嘗過台州的春筍後，留下一詩：「嫩如荔新剖，脆若藕初削。甘芳無留滓，軟美不煩嚼。」春筍嚼起來，爽脆之中還有絲絲的清甜。他甚至說「願作台山農，長年分此樂」——爲了吃到台州的春筍，他願意留下來做個山農，與蘇軾的「日啖荔枝三百顆，不辭長作嶺南人」簡直同出一轍。

春筍不管燒什麼都好吃，被稱爲葷素百搭，炒、燉、煮、燜、煨等皆成佳肴。一道筍燒肉，讓人叫絕，碩大的筍塊鮮嫩十足，和著肉香，鮮美至極，而肉也帶著筍的清氣，全無油膩。至於油燜春筍，更是我的至愛，嚼起來嚓嚓有聲，用土話說，吃起來「爽爽聲」，十分帶勁。上海人夏天時喜歡吃番茄煸尖冬瓜湯，一道尋常不過的湯，看上去偎紅倚翠，喝下去十分開胃。福建菜中有雞茸金絲筍，把冬筍絲切得細如金絲，與雞茸、蛋糊融爲一體，鮮潤爽口。

春筍炒鹹菜，十分常見，多以鮮筍炒之，但是鮮筍的味道絕對比不上醃過的春筍。一到春天，我的二姑姐就會把春筍切片，放入雪菜罈子，與雪菜共醃。醃過的春筍又鮮又酸，有泡菜的爽脆，用以炒鹹菜，味道極美，十分開胃，用以下飯，再好不過。

春筍還可以裹上麵糊，放油裡煎炸，金黃色的油炸春筍甘甜可口。與白米共煮粥，叫「金煮玉」，濟公和尚曾讚道：「拖油盤內烀黃金，和米鐺中煮白玉。」看來，濟公也是個好吃的主兒。

還有一種叫小野竹筍的，葉細枝韌，僻寂之處，野地荒郊，常見其身影。剝下它的外衣，是青玉簪般細細的一小條，有一種孤高之美，別有淡泊出塵的氣質，切成小段炒臘肉，是青白之中的幾筆朱紅，雅緻可口。

除了鮮筍，筍乾的味道也絕佳。天目筍乾相當出名，這個聲名遠揚的筍乾專指野生石竹竹筍所製的「色如鸚哥綠」的青筍乾，分爲焙熄、小挺、秃挺、肥挺幾個等級。張生記的筍乾老鴨煲很出名，跟選材好有關。燒老鴨宜用野筍乾，野筍乾吸足了厚厚的老鴨油，味濃鮮香，比老鴨還受歡迎。而燒紅燒肉，最好選毛筍乾，特別能吸油，燒好後，肉肥而不膩又有筍的鮮味。

除了筍乾，清顧仲《養小錄》裡還提到一種筍粉：「鮮筍老頭差嫩者，以藥刀切作極薄片，篩內晒乾極，磨粉收貯。若調湯，或燉蛋，或拌肉內，供於無筍時，何其妙也。」其實，我覺得眞正稱得上「何其妙也」的不是筍粉，而是天台的筍茄——將竹筍去皮後放入大鑊裡煮熟晒乾，加鹽燒開，再用文火煮六至七個小時，撈出來烘晒，一周後就成了筍茄，經年不壞。筍茄是素食極品，濟公就讚曰：「若禽之初羽，貌陋而性至善。」看來這筍茄裡，還含著佛家的清淨淡泊呢！

陽光．雨露．桃漿

「桃之夭夭，灼灼其華，之子於歸，宜其室家。」
桃花釀成桃花酒，據說可美容。
桃花酒我沒喝過，不過，桃漿我是吃過的。
一到夏天，江南的很多冷飲店都有桃漿賣。

春天裡如果沒有桃花，就會顯得寂寞很多。

桃漿又名桃膠，生於桃樹上。桃樹被蟲子咬過或受傷後，樹幹上的裂口，有樹膠沁出，凝固成一小團。雨後，桃樹出的桃漿更多，似露珠，像水滴，又比露珠更亮，比水滴更大，如瑪瑙串綴，琥珀流光，晶瑩剔透。桃漿還有另外一個名字叫桃凝，我的詩人女友覺得叫桃凝還不夠詩意，伊把它叫成桃花淚。美是美矣，只是太過傷感。

桃漿我是採過的，就在浙江臨海的江下渚。江下渚過去種有許多桃樹，樹幹上常結著厚厚的一層桃漿，透出溫潤柔和的光澤，我總疑心，桃漿裡飽含著陽光雨露，才會如此的飽滿，如此的清亮。

桃漿舊時用於石印，還能做膠水，不過，

我們都把它當成飲品。我以爲這是桃漿最適宜的用法——化身飲品，滋潤那些桃花一般的美人。

我也做過桃漿羹。我覺得，三月桃花紅、四月桃掛果、五月桃青澀、六月桃滿園，桃樹一生的情思，都包含在一碗桃漿中了。將採摘下來的桃漿，放清水裡浸泡一晚，第二天，桃漿就漲開了，像一朵朵素雅的花，在水中妖嬈盛開。桃漿洗淨後，加上葡萄乾、枸杞，放在鍋裡用水煮沸，加糖，就成了一鍋甜羹湯。玉白色，稠稠的，有膠質的厚重感，像凝住了的果凍，入口清香爽滑，甜而不膩，還有淡淡的桃氣，若再灑點薄荷露，更是清涼無比。有位美女就說過，喝一口，「葉的葳蕤、花的妖嬈、果的濃厚，似乎都在漿的凝結裡面晶瑩透亮著」。

桃漿性微涼，清涼去火。《抱朴子》云：「桃膠以桑灰汁漬過服之，除百病，數月斷谷，久則晦夜有光如月。」這是說桃漿用桑樹枝燒成灰後清洗服用，可治百病。《本經逢原》也道：「桃樹上膠，最通津液，能治血淋，石淋。痘瘡黑陷，必勝膏用之。」台州人有一個治咳嗽的小偏方，用的就是鴿子蛋燉桃漿。桃漿的確能治病。有一年，張大千到常州探訪病中的謝玉岑。謝是江南詞人，亦是大千好友，大千親自下廚，爲玉岑調製桃漿羹。一碗橘瓤同煮的桃漿，甜中有酸，清口開胃，病中的詞人飲後，如飲甘露，清涼直達肺腑。

「秦淮八豔」之一董小宛，做得一手好菜，這個絕代風華的女子能把尋常日子過得不同尋常的雅緻，她會製作桃膏，取五月的桃汁與糖細煮，煮到桃汁如大紅琥珀般漂亮。她極善烹飪，對食譜研究精到，如「火肉久者無油，有松柏之味；風魚久者如火肉，有鹿麂之味；醉蛤如桃花，烘兔如悠餅，可以籠而食之」。在情種眼裡，美人親手烹製的食物，味道一定是不同尋常的鮮美，就算一杯白開水，估計也能喝出絲絲甜味。

在寧波，我吃過一道桃漿鮮果羹，桃漿裡加入西瓜、草莓。在揚州，吃過一道桃凝木瓜茸，也叫美容凝露，酒紅色的木瓜盅裡，是琥珀般的桃漿，清涼香甜，好似雨後的春天。

桃漿是甜品，不過也可鹹吃，有一道菜叫「玉汁瓊漿」，端的是好名字，桃漿用生粉勾芡後，加上肉絲，撒上蔥末而成。而「雞汁桃凝」是桃漿和著毛豆，在雞汁中燉熟，入口嫩滑細膩。

春天裡去杭州的梅家塢，要上一杯明前茶，可以消磨掉半天好時光，當地的農家菜裡，有一道就叫「西湖十景桃漿羹」。光聽名字，就是滿耳朵的歡喜，讓人想到西湖邊一棵桃樹一棵柳樹的春天。江南的風韻，滲在江南各個角落的細枝末節之中，一碗桃漿裡，照見的，是詩意的江南。

二〇一四年和二〇一五年，我去杭州出差好多回，就是抽不出時間去梅家塢消磨時光。春色越來越深了，啥時可以抽空去品嘗一碗「西湖十景桃漿羹」呢？

原野之味

驚蟄時，綠色鋪滿了田野。地裡的野菜眞多，馬蘭頭、孟菜、薺菜、蒿菜、蒲公英、羊角兒、野蔥、野蒜……肥肥嫩嫩的，新鮮得帶著春天的氣息。

春天的氣息到底是什麼呢？誰也說不上，反正就是這麼一種鮮嫩得掐得出水的植物味道吧。

蟄居了一冬的人們，喜歡到野外去感受春光，順手剜點野菜回來。驚蟄時，薇菜正是鮮嫩的時候。南宋江湖派詩人戴復古有《白苧歌》：「雪爲緯，玉爲經。一織三滌手，織成一片冰。清如夷齊，可以爲衣。陟彼西山，於以采薇。」詩中的「采薇」典出《詩經》。薇即薇藿，又名野豌豆，藿爲豆葉。它是一年生或二年生草本植物，花紫紅色，結寸許長扁莢，中有種子五六粒，可吃。春天時，薇菜剛剛綻出嫩綠的芽尖，江南女子便穿著由麻製成的素衣去採薇。踏青回來，飯桌上就多了一道青翠翠、水靈靈的時令小菜。

除了採薇，還有採蘋（俗名艾蒿）。方行

有首《江南詞》：「暖氣晴嬌杜若洲，沙頭狂客系蘭舟。採蘋多少江南女，搖蕩春光不自由。」他是元末江南農民領袖方國珍的兒子，詩中寫的是江南女子春日裡採蘋的情景，清淡灑逸的春之味瀰漫於詩中。

清明前，可以採青了。青可以用來做清明果子。青葉多白毛，嘉興人把它稱作「棉絮頭」，頗形象，春天時，田頭地角很多。《本草綱目》說：「開黃花，一莖直上，花成簇，處處山坡有之。鄉人初春採其葉，揉粉作糍食，清香堅韌，最適口。」《植物名實圖考》則道：「煎餅猶用之。」在我們這裡，青是用來做青團的，台州人稱之爲「青葉」。

馬蘭頭正肥嫩呢，杭州人喜歡春天到郊外掐一兜馬蘭頭回家，用開水焯一下，拌上香干丁和筍丁，淋上麻油，味道清口不說，最主要的是清涼解毒。外婆在的時候，春天裡一定會做涼拌馬蘭頭給我吃的。春天陽氣重，很容易發皰瘡，照寶釵的說法是，「清熱毒，冷香丸最好不過」。像我等尋常人家，沒有冷香丸，就吃涼拌馬蘭頭。作家車前子說：「馬蘭頭讓我想起曹雪芹，窮歸窮，家裡還有三擔銅。」怎麼會想到那上面去了？怪。

還有蒲公英。蒲公英能敗心火，涼血。有個唱歌的朋友跟我說，蒲公英對嗓子很好。她的嗓子清亮清亮，唱〈青藏高原〉拐個彎就能上去，不知是不是吃蒲公英吃的，反正每年驚蟄時，她都會到田野裡剜蒲公英。

春天裡，這些敗火涼血的野菜遍地都是，薺菜長著鋸齒形的葉片，翠綠翠綠的，鮮嫩得似乎用手一掐就會流出一汪水來，剛下過雨的肥軟的地裡，薺菜一棵挨著一棵連成了片兒。薺菜，我們管它叫花田薺。薺菜餡的餃子，鮮美異常，咬一口，脣齒間滿是清香。城裡菜市場上也有薺菜賣，不過哪及得上野生薺菜的肥嫩清口呢！挖薺菜得趕早，「春到溪頭薺菜花」，它一開花，就老了。

採蕨菜也正是時候。蕨菜，當地人稱爲烏糯，也稱「狼基頭」。《詩經》：「陟彼南山，言采其蕨。」《爾雅．翼》載：「蕨生如小兒拳，紫色而肥。」蕨菜嫩芽初成時，如小兒的粉拳，這時候，採摘下來，做成的涼菜顏色翠綠，清脆細嫩，滑潤無筋，清香四溢，有濃厚的鄉野風味。蕨菜做成乾菜後，吃起來也是別有味道的。清代學者應金心，是安洲書院的主講，他有首《打蕨歌》：

南山之南北山北，山中樵子多菜色。
自言力田來有秋，採蕨聊以當粒食。
出門長嘆粒食艱，穿林直上薜蘿間。
鑱盡陳根披盡葉，挑來嶺外夕陽殷。
大婦分開手盈掬，小婦排成手瀝漉。
蓬頭椎髻向溪干，千錘百煉響空谷。
歸語兒童饑莫啼，淘來白粉滲如泥。
煮餅蒸糜任爾為，香味不必添糖飴。
一日辛劬才一飽，林鳥初鳴趁天早。
家家勤勞無已時，以此代食稼穡寶。
今歲山人喜逢年，好將蕨粉去輸錢。
不信城中肉食者，日高三丈猶安眠。

春天時，還可以挑孟菜，孟菜多長於山間叢林。《天台山志》云：「孟菜處處有之，華頂最多，有油菜孟、火棍孟、梨頭孟、藤孟。」孟菜清涼敗火，可治痢疾，多食不傷胃。驚蟄時採摘孟菜，淘洗乾淨，濾去略帶苦味的汁水，可清炒，可燉肉，還可以做孟菜麥餅。我在寒山隱居地吃過孟菜麥餅，略帶苦味，卻是十分清口。孟菜晒乾後，久貯不壞。當地有民謠「烏糯當晚稻，孟菜吃到老」，這兩種野菜，是當地人吃得最多的野菜。

莧菜股　江南小菜

莧菜是江南人家餐桌上常見的小菜，春夏日，綠綠的一盤蒜炒莧菜上來，看著就讓人來了食欲。

一場春風一場雨，地裡的莧菜就露出頭來，嫩嫩的綠，招人憐愛得緊。春天的莧菜使著勁兒長個，沒幾日，就出落得清秀挺拔，精神氣兒十足。

莧菜是要掐的，是的，是掐，不是摘，如同江南女子背著茶簍採茶。採莧菜也是如此，食指拇指一並，就將嫩嫩的莧菜掐下。

《詩經》中的「藜」，就是野莧菜，也叫灰灰菜。古人將莧菜分爲白莧、赤莧、紫莧、五色莧、人莧、馬齒莧，統稱六莧。李時珍《本草綱目》有「莧並三月撒種，六月以後不堪食，老則抽莖如人長，開細花成穗，穗中細子扁而光黑，與青箱子雞冠子無別，九月收之」之語。《本草綱目》還引張鼎曰：「不可與鱉食，生鱉瘕，又取鱉肉如豆大，以莧菜封裹置土坑內，以土蓋之，一宿盡變成小鱉也。」說莧菜與鱉同食，會生鱉瘕，還說莧菜包著豆大的鱉肉，用土蓋上，次日就會變成小鱉，這簡直接近於志怪小說了。

莧菜中，我打交道最多的是綠莧和紅莧（即「紫莧」），綠莧清新，紅莧熱辣，各有風情。紅莧的汁在一些地方，是可以染色的，巧手媳婦織的土布，用紅莧染了，有著鄉村的喜氣，好像木格子上的紅窗花。饅頭上的一點動人嫣紅，也來於此，故鄉間稱之爲「莧菜紅」。

立夏時節，江南人家有品「三鮮」的習俗，三鮮有地三鮮、樹三鮮和水三鮮。樹三鮮即櫻桃、青梅和杏子，水三鮮則是海螺、河豚、鰣魚，地三鮮爲蠶豆、黃瓜，還有一樣就是莧菜。吃蠶豆，因爲豆會發，故立夏吃豆，討的是「發」的彩頭，而吃莧菜，討的是「紅」運當頭，吃完莧菜，紅紅的湯汁要一飲而盡。關於莧菜，我們這裡有句俗語頗有趣，「眞心血當莧菜滷」——意謂好心不被理解，比「好心當成驢肝肺」這句話有意思得多。畢竟，這世上，沒幾個人見過驢肝肺。

莧菜的青蔥歲月，是嫩嫩的、綠綠的，而當莧菜長到半人高後，它的腰桿就變粗變硬了，我小時候，老把莧菜股聽成「旱菜稈」，看來也是事出有因。莧菜變老了，炒著吃當然不行了，而要把老莧菜一根根砍回家，斬成一段段，摘除葉子，去除旁枝，留下主根，剪成小拇指長，投入用涼開水、鹽、花椒、桂皮調成的滷汁中。在臭滷裡浸泡的莧菜梗，過一些日子吸足臭味，撈上來便可吃。時間越長，味道越濃，這就是紹興人、寧波人、台州人喜歡吃的莧菜股——在台州方言中，一根根圓渾的東西都可以叫股，別地的人是叫梗的。

古人老早就會醃莧菜股了，宋蘇頌《圖經本草》說：「赤莧亦謂之花莧，莖葉深赤，根莖亦可糟藏，食之甚美，味辛。」知堂先生也愛吃醃過的莧菜股，他在《莧菜梗》一文中說：「近日從鄉人處分得醃莧菜梗來吃，對於莧菜彷彿有一種舊雨之感。」

一罈子黑乎乎、臭烘烘的上好臭滷，可以醃出味道清正的莧菜梗，還可浸泡出臭冬瓜、臭南瓜、黴毛豆、臭筍根頭、臭菜心，還有萵苣、西瓜皮之類，嘗之有雋永之味。陸游詩曰：「菹有秋菇白，羹惟野莧紅。何人萬錢筋，一笑對西風。」陸游是紹興人，紹興人跟寧波人一樣，也是愛吃臭的。吃到了臭莧菜股，他暫時忘了相思之苦。當年船王包玉剛到寧波，對燕鮑翅肚不感興趣，想吃的是小時候吃過的臭豆腐和臭莧菜梗。兩盤臭東西一上桌，老船王吃得眉開眼笑，其實，他吃的不是臭食，而是童年的滋味。

《追憶似水年華》序章的一段話說得極是：「氣味和滋味卻會在形銷之後長期存在，即使人亡物毀，久遠的往事了無陳跡，唯獨氣味和滋味雖說更脆弱卻更有生命力。」一盤臭莧菜梗，告慰了老船王的思鄉之情。

過去，窮苦人家常吃的下飯小菜是鹹菜、莧菜股、蟹醬、鰟頭。台州人打趣道：「莧菜股兩頭空，爛腳醃菜設當中。」寧波人、紹興人、台州人都愛吃臭莧菜梗，也愛聞那種臭臭的香。我以為，臭莧菜股是臭食中登峰造極的美食，莧菜股的鮮、爽、嫩、香，深得我激賞。我去溫嶺採訪，季海威、張敏夫婦帶我吃當地的美食，每次必上一道臭莧菜梗燒豆腐。臭是臭的嘞！不過真的好吃！豆腐略帶莧菜股的臭味，細嫩至極，莧菜梗裡面的菜心是果凍狀，用嘴猛一吸，菜心肉即入口中，鮮鹹爽口！

作家魯彥也愛吃臭莧菜股，他在文中道：「聞到了鄰居的臭湯氣，心裡就非常地神往；若是在誰家討得了一碗，便千謝萬謝，如得到了寶貝一般。我在北方住久了，不常吃魚，二

○一四年回到家裡一聞到魚的腥氣就要嘔吐，唯幾年沒有吃臭鹹菜和臭莧菜股，見了卻還一如從前那麼的喜歡。在我覺得這種臭氣中分明有比芝蘭還香的氣息，有比肥肉鮮魚還美的味道。」魯彥，可謂是莧菜股的知己，而我，如此推崇莧菜股，不知算不算得莧菜股的紅顏知己？

▶春夏日，江南人家經常吃莧菜股。

立夏 櫻桃紅

立夏時節，紅了櫻桃，紫了桑葚。
台州人把櫻桃叫作杏珠，把玉米叫作妖蘿——
這兩個名字，都極妖冶。

櫻桃是立夏的當令水果，玲瓏剔透，紅豔豔的果子，像愛撒嬌的女兒嘟著的紅唇，它是最宜入畫的水果，光溜溜的紅果兒，細細的把柄，總有玲瓏的味兒。

每到立夏前後，櫻桃樹上便掛滿了紅果子，看一眼就讓人口舌生津，是「一樹櫻桃帶雨紅」的景致。朋友沈從斌是畫家，我很喜歡他的國畫小品《櫻桃》，竹籃裡幾粒嫣紅的櫻桃，畫面空靈，是立夏的景致。畫作上的留白，好似流走的時光，少年弟子江湖老，真是「流光容易把人拋，紅了櫻桃，綠了芭蕉」。

櫻桃好吃，花也好看。春分時節，一樹一樹的櫻桃花，在山野傾情開放，花朵白色中帶點粉暈，是春光的顏色，「有時三點兩點雨，到處十枝五枝花」，空山無人，水流花開，那種美，浸潤著你，如一杯清涼的薄荷茶。唐代詩人項斯有一首《欲別》：「花時人欲別，每日醉櫻桃。買酒金錢盡，彈箏玉指勞。」詩裡有隱隱的風情在。

南宋詩人陳克有一首《豆葉黃》，裡面寫到暮春時的春光：「粉牆丹柱柳絲中。簾箔輕明花影重。午醉醒來一面風。綠匆匆。幾顆櫻桃葉底紅。」他在《菩薩蠻》中寫到一個在櫻桃樹下試穿新鞋的少女，有一種清新甜美的味道——「柳條到地鶯聲滑。鴛鴦睡穩清溝闊。九曲轉朱闌。花深人對閑。日長刀尺罷。試屐櫻桃下。髻玉釵風。雲輕線腳紅。」

櫻桃花謝後，開始結果，先是青色的，慢慢地轉紅，這些纍纍墜墜的紅果，看著就讓人心醉。辛棄疾寫櫻桃：「何物比春風？歌脣一點紅。」這櫻桃眞是萬種風情了。櫻桃色澤濃豔，齊白石稱爲「女兒口色」，他畫了一幅櫻桃，給櫻桃題句「若叫點上佳人口，言事言情總斷魂」，像是豔詩，呵呵。李漁在《閑情偶

▲立夏時節，江南人家有品「三鮮」的習俗。

記》裡，寫到如何點絳豔：「至於點豔之法，又與勻面相反，一點即成，始類櫻桃之體；若陸續增添，二三其手，即有長短寬窄之痕，是爲成串櫻桃，非一粒也。」櫻桃小口、糯米牙、桃花腮，是美女的標準也。

文人們愛用櫻桃比喻美女的小嘴，稱之爲櫻桃小嘴。其實，「櫻桃小口」出自白居易的詩句，白居易家裡有兩位色藝俱全的家伎，姬人樊素善歌，姬人小蠻善舞。樊素的紅脣，小巧鮮豔，像櫻桃；而小蠻的細腰，柔弱纖細，像楊柳，白居易有兩句詩讚美她倆：「櫻桃樊素口，楊柳小蠻腰。」此詩流傳至今，成爲描寫女子美色的經典語。

白居易當時任刑部侍郎，官正四品，按規定只能蓄女姬三人，但他的家伎除了樊素、小蠻和春草以外，專管吹拉彈唱的就有上百人，他常忘懷其中，興之所至賦詩云：「菱角執笙簧，谷兒抹琵琶。紅綃信手舞，紫綃隨意歌。」菱角、谷兒、紅綃、紫綃都是他的家伎。白居易在《吳櫻桃》中說：「含桃最說出東吳，香色鮮穠氣味殊。洽恰舉頭千萬顆，婆娑拂面兩三株。鳥偷飛處銜將火，人摘爭時踏破珠。可惜風吹兼雨打，明朝後日即應無。」寫的是櫻桃，讓人想到的卻是紅顏，紅顏如櫻桃，易老，也是這般的「明朝後日即應無」。

四月初八，吃烏飯麻糍

脣齒間還留有清明果子糯軟的清香，轉眼間，又到了四月初八。四月初八，是傳統的節日，大凡跟傳統節日掛上鉤的，總少不得一個「吃」字。

四月初八，吃的是烏飯麻糍。

吃就吃唄，還得找些名目。比如這四月初八，據說就是牛的生日，一些志書上就明明白白記著：「（四月八日）俗呼爲牛生日。」鄉間有句老話叫作：「人閒五月節，牛閒四月八。」這一天，牛是受到厚待的，不用去耕田，一大早，牛被農家牽到野外，先給牛沐浴，讓牛啃些帶露的嫩草。既是生日，作爲壽星的老牛，光吃嫩草哪夠呢，主人不管怎麼的，也得調點雞子酒、餵些烏飯麻糍犒勞老牛。

說起烏飯麻糍，話頭有點長。我見過搗麻糍，這是力氣活。小時候到鄉下親戚家，不愛聽大人說閒話，喜歡跑去看搗麻糍，只覺得熱鬧好玩，幾個堂兄輪番上陣，在石臼上七搗八搗，我少氣薄力，只有在邊上添水的份。剛搗好的麻糍熱氣騰騰，韌勁十足，又糯又香，從石臼裡取下就可塞進嘴裡。

烏飯麻糍是麻糍的一種，不過它是把糯米用烏葉汁浸泡，上蒸籠裡炊好（食物放蒸籠上蒸，我們稱之爲「炊」），拿到石臼裡用石錘搗韌，用擀麵棍滾壓成的薄薄的麻糍。這種烏飯麻糍，青中帶黑，吃一口，細膩爽滑，有麻糍的糯甜，還有樹葉的清香，非常好聞。清人陳延烈的《靈江竹枝詞》就寫到四月初八，鄉人在街頭叫賣饃糍烏飯：「饃糍烏飯賣西東，叫上三竿曉日紅。來往街衢小兒女，聲聲爭買幾青銅。」

烏葉是個好東西。城裡的孩子，現在誰還知道烏葉呢？在舊時，快到四月初八時，孩子們提著籃子，跟著大人興高采烈上山採烏葉。這烏葉，長在矮小的灌木上，這種灌木，當地人稱爲「山烏飯樹」、山草米腦或者烏桐樹，別地也有稱爲「南燭」的，這是江南常見的灌木，約三至五尺高，葉若楝而小，似茶葉而圓厚，「叢生春晚，苗葉紅赤，照耀山谷」。秋時它結出紫赤的果實，大小如豆，味甜可食，故溫嶺人稱之爲「山草米腦」。

春天時，人們採摘山烏飯樹的嫩葉，放石臼裡搗碎，也有直接煮汁的，然後用它的汁水浸泡糯米，蒸成烏飯，或搗成烏飯麻糍。舊時一到四月初八，家家戶戶做烏飯。《台州府志》記載：「四月八日，浮屠於是日浴佛。人家取南天燭葉染飯作青色以相饋，謂之『送烏飯』。」《台州風俗》中也云：「這天，農戶用烏桐嫩葉搗汁煮飯，或用烏桐葉汁拌飯，拌成的飯青色有光，俗稱『烏飯』。也有做烏桐葉饅頭的。臨海一帶一般吃烏飯饃粢。」唐人陳藏器《本草拾遺》記載做烏飯的方法更爲考究，取南燭莖葉搗碎，漬汁浸粳米，要「九浸九蒸九曝」，這樣做出來的烏飯，米粒緊小，黑如瑩珠，數日不壞。

江南人家，誰沒吃過烏飯麻糍呢？胖胖的烏飯麻糍，周身沾滿金黃的香噴噴的松花粉，裡面裹著豆沙，咬上一口，軟軟的，糯糯的，甜甜的，味道那叫一個讚。

烏飯麻糍好吃，還可以助陽補陰，據說還有讓白髮轉黑的功能——《本草經疏》中就說得煞有介事：「髮者，血之餘也，顏色者，血之華也，血熱則鬢髮早白面顏枯槁。凡變白之藥，多是氣味苦寒，有妨脾胃，惟南燭氣味和平，兼能養脾。」這南燭就是山烏飯樹。《本草綱目》則說烏飯能明目壯身：「摘取南燭樹葉搗碎，浸水取汁，蒸煮粳米或糯米，成烏色之飯，久服能輕身明目，黑髮駐顏，益氣力而延年不衰。」

沒見著有人吃烏飯治白髮的，不過，大家都相信，吃了烏飯，蚊子就不敢來叮咬。吃了烏飯的小孩子，夏天不會生痧、癤子和別的什麼腫毒。有《竹枝詞》為證：「烏飯麻糍嵌豆沙，賣來賣去賣人家。抓來貼在兒童額，免得蚊蟲蚤虱爬。」

我很喜歡吃烏飯。有一年四月初八，正好在南京，意外地，吃到了南京的烏飯油條。南京人將烏飯葉汁浸泡過的糯米放在蒸籠上蒸，蒸熟後的糯米飯烏黑發亮，放點白糖，將油條對折嵌在烏飯裡。這烏飯油條裡，有烏飯葉的清香，還有油條的脆香，咬一口，總讓我想起夏日早晨，青草割後的那種氣味。

五月枇杷黃

五月枇杷黃了。台州有首童謠：
「五月枇杷黃，六月楊梅紅，
七月水蜜桃，八月雪梨葡萄熟，
九月柿子獼猴桃，十月蜜橘文旦香。」

江南號稱水果之鄉，不是浪得虛名的。從夏到秋，空氣中經常可以聞到各種水果香甜的味道。唐代詩人描寫江南的詩作中，就有詠吟江南佳果的詩句，如高駢的「滿庭紅杏碧桃開」、貫休的「紫梨紅棗墮蘇苔」、李敬方的「林果黃梅盡」、武元衡的「煙林繁橘柚」等。

「五月江南碧蒼蒼，蠶老枇杷黃。」立夏時，枇杷是當令水果，與櫻桃、梅子並稱爲「立夏三友」。

有一首打油詩，與枇杷有關，說是有人送枇杷與人，附函說：送上琵琶兩筐云云。收禮的人回了一首調侃道：「枇杷不是這琵琶，只爲當年識字差。若使琵琶能結果，滿城簫管盡開花。」其實寫詩的人是半桶水，他不知道枇杷也叫琵琶，古籍《本草衍義》早已解釋：因枇杷其葉厚長而呈圓形，狀如琵琶，故而得此名。

枇杷這種南方佳果，還有多種叫法：蘇東坡稱爲「盧橘」，陸游稱爲「金丸」，更有詩人因其花在隆冬開放，稱之爲「晚翠」。晚翠，雅是雅的，但不夠「通俗」。最讓人驚異的是，有人把這黃金般的果子喚作「粗客」。實在想不出，這枇杷與粗魯漢子有什麼瓜葛？

宋代戴敏在《初夏遊張園》的田園詩中寫道：「水鴨池塘水淺深，熟梅天氣半晴陰。東園載酒西園醉，摘盡枇杷一樹金。」戴敏是戴復古之父，這首田園詩寫的是立夏前後江南田園的醉人景色。「東園載酒西園醉，摘盡枇杷一樹金」的田園生活，比起陶淵明的「采菊東籬下」來，更有豁達的味道。

過去，大凡有院子的江南人家，都愛種上一株枇杷，夏天時，枇杷樹上結滿了果子，「樹繁碧玉葉，柯疊黃金丸」。十幾年前，我住臨海，家在一樓，有個五十多平方米的院子，供我們獨用。院子裡種了爬山虎，搭了葡萄架，那年夏天，極熱，我懷著孕，倦怠，浮腫，吃不下飯，聞不得任何氣味，平素裡最喜歡的花香，聞了都要反胃。白日裡還得東跑西跑採訪，回到家，累極，晚上躺在竹椅上，在院子裡納涼。朋友送了一籃黃岩的大紅袍枇杷，食了幾粒，因爲身子笨重，就偷懶將枇杷籽攢在院落的花壇裡。

沒想到，枇杷核發了芽，四五年後，竟長成老高的枇杷樹，初冬時，枇杷葉底綴了團團簇簇的白色碎花，春天時，先是結了籽，到了立夏前後，滿樹枇杷珠圓玉潤飽滿玲瓏，像是黃金做的果子，常有院外饞嘴孩子爬牆偷枇杷吃。兒子小時候，我常在枇杷樹下給他講故事。後來，我搬家了，好幾年沒見到這株枇杷樹了。前些日子到臨海出差，特地拐過去看了一眼，這枇杷樹愈發高大，老鄰居說，到了立夏，可以採摘到好幾籃的枇杷。

《本草綱目》記載：「枇杷能潤五臟，滋心肺。」《食療本草》則說：「煮汁飲之，止渴，治肺氣熱嗽及肺風瘡，胸、面上瘡。」我住臨海時，每有肺熱咳嗽，便去院中摘些枇杷葉子，搓掉背面絨毛，丟進廚房的藥罐裡，煎服幾次，果然好了。枇杷膏止咳的效果也很好，將冰糖化成水，和枇杷肉煮至濃稠的膏狀，就可用勺挖著吃。當然，枇杷花也能止咳的，中藥店就有得賣，雖然自家院子就有枇杷花，但我捨不得摘，每每需用到枇杷花時，情願跑遠路到藥店去買。

《廣志》說：枇杷易種。葉微似栗，冬花春實，子簇結有毛，四月熟。大者如雞子，小者如龍眼；白者上，黃者次之。枇杷依照果皮和果肉顏色深淺不同，分爲紅沙、白沙兩大類，紅沙的就是陸游說的「金丸」，果皮金黃色，肉粗，宜做罐頭。白沙的果皮，淺黃色的肉質玉色，古人稱之爲「蠟丸」。「蠟丸」質細味甜，適於鮮食。餘杭的塘棲枇杷十分出名，也有白沙與紅沙之分，白沙皮白肉黃，紅沙皮與肉均黃中帶紅。台州也盛產枇杷。台州的枇杷中，種得最多的是洛陽青，是大紅袍中選出的良種，色澄紅，肉肥厚，飽滿得很，吃一個，汁多而甜美。

夏至楊梅滿山紅

「鄉村五月芳菲盡，惟有楊梅紅滿枝。」一顆清甜甘洌的楊梅入口，足令五臟六腑爲之清爽。

楊梅是水果中的絕色佳人，嬌豔無比，楚楚動人，有一次在仙居採訪，聽到一位老農親暱地稱楊梅爲楊梅姑娘，不覺莞爾——百果中，大概只有楊梅被冠以姑娘的稱呼，就像酒中，只有紹興黃酒中有「女兒紅」。

楊梅成熟於春夏之交的江南梅雨時節，只消枝頭上有幾粒性急的楊梅搶先紅了，便有成批的楊梅跟著成熟，那爭先恐後的勁頭，讓人感受到楊梅也有股心氣勁兒。

夏至楊梅滿山紅。夏至前後採楊梅是吳越風情之一。很少有水果像楊梅一樣，身上集聚了江南玲瓏剔透的風土人情。況且，在中華民俗的意象中，丹朱赤絳一向富大喜之色，那一顆顆紫紅豔紅的楊梅獲得眾人的青睞也就不足爲奇了。

夏至前後進入楊梅林，放眼望去，漫山遍

野都是楊梅，紅得鮮豔欲滴，紫得黑紅發亮，水靈靈，嬌嫩嫩，枝繁葉茂間，綠蔭翳翳，丹果纍纍，美不勝收。飽滿的楊梅壓著枝條，並不像沉重的稻穗會把稻稈壓彎，楊梅的枝條是輕盈的，充滿韌性的，承載得住一顆顆紅豔豔的果實。綠蔭紅果間，採梅女子正採摘著楊梅，說笑聲、打鬧聲飛出凝翠流丹的楊梅林。在楊梅林裡享受採摘樂趣的城裡人像貪食的孩子，面對滿園佳果，不知先嘗哪顆才好，這一株楊梅才吃了兩顆，又瞄準旁邊那株大楊梅樹，正待伸手，又覺得上頭那枝的楊梅更大更紫，恨不得像千手觀音一樣，前後左右可以伸出手來。

楊梅是那種風情萬千的尤物，曾經立下「日啖荔枝三百顆，不辭長作嶺南人」誓言的蘇東坡，被吳越楊梅色誘之後，欣然寫下了「西涼葡萄，閩廣荔枝，未若吳越楊梅」的詩句。莫怪蘇學士見異思遷，這就好比一個男子，原以爲此生愛的是散淡如水的女子，遇上一個激情似火的佳人之後，終於知道這才是夢裡千百度要找尋的。蘇軾時任杭州太守，獨創東坡肉，在吳越之地，他敏感的味蕾終於嘗到了楊梅的妙處——酸酸甜甜，像愛情的味道，令人回味。

楊梅中的東魁楊梅，號稱楊梅王，有百餘年的栽培歷史，老家在黃岩，果大、色豔、飽滿，之所以取名東魁，意爲「東方之魁」。既然稱「魁」，自讓人小瞧不得。三言二拍中有一個《賣油郎獨占花魁》，「花魁」是什麼，百花中拔得頭籌，連猜拳都有個「五魁首」。東魁楊梅敢稱「魁」，自有過人之處，它每只有乒乓球大小，最大的甚至有一兩多重，如果你是櫻桃小嘴，一顆楊梅得咬許多口，即便你長有茱莉亞．羅勃茲這樣的性感大嘴，想一次把一顆東魁楊梅呑進口，也非易事。其他的楊梅跟東魁楊梅一比，好比小巧玲瓏的佳人跟高䠷豐滿的美女站在一起，終歸是稍遜風騷。而寧波的烏紫楊梅則長得小巧，紅得發紫，紫得發烏，汁液洶湧，甜美得讓人一楞一楞。

台州爲楊梅的原產地之一，三國吳沈瑩在《臨海水土異物志》中說：「楊梅，其子大如彈丸，色赤，五月熟，似梅，味甜酸。」奇怪的是，離了江南這一方水土，楊梅只在日韓有少量栽培，而在東南亞諸國和歐美等地，由於水土關系，楊梅均只能用作觀賞或藥用，不做果樹栽培。

楊梅不只美味可口，還有多種功效。江南之夏，多潮濕悶熱，不少人茶飯不思，神情懨懨，身倦腳軟，謂之「疰夏」。楊梅有消暑、健脾、增進食欲之功效，江南民間有「楊梅醫百病」之說。《本草綱目》中說：「楊梅滌腸胃，燒灰服，斷下痢，甚驗。」李時珍眞是洞若觀火，每一種植物，他都能深入最本質的地方。

一顆清甜甘洌的楊梅入口，足令五臟六腑爲之清爽。夏至之時，江南不少人家喜歡以白酒浸泡楊梅，喝過後，讓人胃口大開。炎炎夏日裡，那些賣苦力的出門前吃幾顆被白酒浸泡過的楊梅，還可防止中暑。因此，江南人家夏天少有不自釀楊梅酒的。釀得多的，甚至可以吃到來年。在夏日裡，要是走親訪友，逗留到吃飯時間，主婦都會捧出楊梅酒。

楊梅酒是江南人家的家釀美酒。楊梅酒釀成後，楊梅與酒各有各的風味，白酒經過楊梅浸泡，酒勁雖減，但味道更佳，而被酒滋潤過的楊梅卻汲取了酒之精華，沖勁十足，酒味全逃到楊梅裡了。酒量不好的，吃上一顆楊梅即顯醉態。楊梅酒則後勁十足，夏天時我在長潭水庫跟幾個行伍出身的朋友吃胖頭魚，他們喝寧溪糟燒，慫恿我喝楊梅酒，騙我說楊梅酒跟楊梅汁差不多，我一嘗，果然楊梅酒並不濃烈，那晚大夥兒情緒高漲，我也就不以爲意喝下四大杯，不意喝下不到半個小時，便醉倒在夜風中——楊梅酒的後勁發作了。我直道苦也。還好外子在邊上，否則斷然認不得回家的路。我曾經以自釀的楊梅酒招待過北方來的朋友，北方大漢喝了楊梅酒後，說江南美酒淡如水。酒既如水，對泡在酒裡的楊梅就更不以爲然。談笑間，吃下楊梅四五粒，便雙頰酡紅，不得不承認這被酒浸泡過的楊梅，沖勁勝過北方的二鍋頭。我的北方朋友大發感嘆：楊梅酒的欺騙性很強。

說起來，楊梅彷彿江南羞怯怯的未婚女子，柔弱婉約，嬌嬌怯怯。而這浸過酒的楊梅，頗似江南人家的出嫁女子，被生活磨練成一個辣妹子，拿得起放得下。江南人家給女兒起名時不少就叫楊葉、楊梅、梅子之類，甚至有直接就叫楊梅紅的。我的一個朋友，她的女兒就叫楊葉，叫梅的女友，更多。

青蔥歲月裡的青草糊

五月暮春，薔薇滿牆，肆意鋪陳，像是春天的宏大敘事，於是便獨自去爬玉皇山，沿途草木，綠意盎然。行至半途，見一茅草屋，上有一匾寫著四字「風散微香」，不知怎的，這四個字，讓我想起青草糊的薄荷味。我這才明白，少年時光早已過去，而青草糊的清氣，一直縈繞在心頭。

說到青草糊，二十世紀六七十年代出生的人都不陌生，這種土飲料，是夏日江南街頭最常見的消暑飲品。

青草糊是由被江南人家稱爲「青草」的草本植物調製而成的。市場上賣得很火的一種飲料叫仙草蜜，它的成分就是仙草，有人說，青草與仙草，其實就是同一種植物。仙草，我是知道的，陽臺上就有一盆，小巧翠綠，葉子略帶茸毛，葉形似薄荷，不過比薄荷葉略小，看上去不甚起眼。摘下葉子，就可聞到縷縷清香——這種清香，眞的是清涼的香氣。

在江南，夏天一到，就有賣青草的，鄉人以爲青草有降火氣、解熱、消暑、清血等功能，將其拿來熬煮，便成爲青草糊。青草糊色澤棕黑，有點像龜苓膏，不過味道比龜苓膏要好。關於青草糊，《溫嶺縣志》有記載，但語焉不詳：「菁草糊：菁草加水煎煮，取汁冷凝後成糊狀，吃時加桂花糖，清香解渴。」我不明白，《溫嶺縣志》為何要將青草寫成菁草。我還是喜歡「青草」二字，質樸中，隱約有草木的清爽之氣。

我們小時候，青草糊是喝得最多的飲料。夏日裡，蟬鳴聲中，樹蔭底下，咕嘟喝下一碗青草糊，有一種苦苦的清涼，非常解渴。放學時候，是我們的快樂時光，總能碰到賣青草糊的阿婆，挑著一副擔子，擔子上擱兩只臉盆，臉盆上覆著一層薄紗，揭下薄紗，便是果凍似的一盆青草糊，黑黑的，亮亮的，閃著光澤。

青草糊便宜，幾分錢一杯。遞上幾個硬幣，阿婆便拿起一把扁圓的小鐵鏟，從盆裡鏟兩塊青草糊到小碗。加上白糖、蜂蜜水、芝麻，灑幾滴薄荷油，再用小銅勺在瓷碗裡來回擊打，發出「叮叮叮叮」的脆響，一碗甘甜涼薄的青草糊就到手中了。我喜歡桂花的甜香，便央阿婆多撒一些桂花進去。桂花樹是阿婆家自種的，秋天桂花飄落時，用白糖醃製而成。

這一碗青草糊，有金黃的桂花、黑黑的芝麻，端在手中，如荷葉中的晨露，微微晃動，喝上一口，有薄荷特有的清涼之氣，喉嚨口涼絲絲的，甚至呼出的氣，都覺得清涼甘甜。

青草糊，散發著植物的清氣，這種清氣，是濕地河畔的氤氳，是林間清泉的甘甜，是田間青草的清新，是含露花朵的潤澤。吃到青草糊，總讓人憶起青蔥歲月，可是人生又有多少往事可以重來？吃到青草糊，感傷是難免的。

暑氣逼人時，我常會念起青草糊。二〇一四年夏天，到老街的時風畫廊閒坐，坐在門口與畫廊主人陳時風閒聊，意外發現對面小店有賣青草糊，驚喜中，買了一碗，它跟記憶中的青草糊一樣滑潤，「咕」的一聲，就從喉間滑向肚中。在向晚的燠熱中，喝上這麼一碗青草糊，五臟六腑的熱氣，像潮水一樣退去。

石蓮豆腐的前世今生

除了青草糊，石蓮豆腐在夏天亦很常見。石蓮豆腐的顏色，像清晨天空的顏色——那是天未透亮時，天空最常見的顏色，灰白，略帶點青。

石蓮豆腐不是豆腐，它是一種石蓮果實做成的飲品。石蓮是一種隱花植物，別地稱爲木蓮，我最早是在少年魯迅家的百草園裡知道木蓮的——「何首烏藤和木蓮藤纏絡著，木蓮有蓮房一般的果實」，後來讀到周作人的《園裡的植物》，他在文中也寫到木蓮：「木蓮藤纏繞上樹，長得很高，結蓮房似的果實，可以加井水揉搓，做成涼粉一類的東西，叫做木蓮豆腐。」這木蓮，天台土話叫ba-peng，不過我的確不知道，這ba-peng二字該怎樣寫。木蓮在別地，有個別名叫邦邦老虎藤，跟天台人的叫法頗有幾分相似。

石蓮學名薜荔，又叫木饅頭、鬼饅頭。說到薜荔，想到屈原的詩，屈原在《離騷》和《山鬼》裡寫到薜蘼，《離騷》裡有「攬木根以結茝兮，貫薜蘼之落蕊。矯菌桂以紉蕙兮，索胡繩之纚纚」的句子——我們的三閭大夫是多麼的浪漫啊！掘取細根把白芷拴上，又串上薜荔落下的花朵，把菌桂削直後再貫以蕙英，扭成的花索馥郁婆娑，完全是浪漫主義的作風。屈原在《山鬼》中又寫道：「若有人兮山之阿，被薜荔兮帶女蘿。既含睇兮又宜笑，子慕予兮善窈窕。」這山裡的女神以薜荔爲衣、女蘿爲帶，窈窕而多情，在山之一隅，癡情地等待心上人的到來。

屈子詩中的薜荔就是石蓮。這種野生的藤本植物在南方極爲常見，棕綠色，葉橢圓形，葉子厚實，背後有網紋，它是藤本植物，而藤本植物的攀緣能力自是一流，有時會攀牆頭而上，有時又會繞樹而生，鄉間的院子披披灑灑，牆頭爬滿的大多就是這種木蓮藤。木蓮多年後結實才有籽，古人老早就知道木蓮籽的妙用，拿木蓮籽做木蓮豆腐，不過，那時它叫冰漿，光聽這詩意的名字，就覺得涼意沁人。

在鄉間，想喝一碗石蓮豆腐那是最容易不過，鄉裡人誰不知道木蓮果的妙處呢——只待果實成熟，藤上結滿了蓮蓬似的果子，剖果取籽，其籽細小如稗籽，有點像獼猴桃籽兒。鄉人將晒好的石蓮籽裝入布袋，用井水浸泡，在水中反覆搓揉，擠出果內的膠汁。半小時後，汁水冷凝後成晶瑩透明的石蓮豆腐，加糖水，即可飲，考究些的，加點薄荷油，喝上一口，眞的是晶晶亮，透心涼。

木蓮儼然是鄉間的一味土草藥。《本草》說，它有祛風除濕、活血通絡、消腫散毒、固精壯陽之效，還能排膿、催乳、消痔，還主治心痛；其葉可治惡瘡；研末服下，久痢即愈。

現在想喝一碗石蓮豆腐，並不容易，對遊子而言，石蓮豆腐是跟少年的回憶，跟鄉情聯繫在一起的。故鄉難得一回，所以，石蓮豆腐便不時在記憶中翻滾。鄉賢高漢先生客居北京多年，他懷念老家的石蓮豆腐——「在舊辭書有個成語：『蒓鱸之思』。晉張翰，字季鷹，吳縣人，到洛陽當齊王的大司馬東曹司掾，見秋風起，想起江南的蒓菜羹和鱸魚膾，就自炒魷魚回了老家。他留下的感慨是：『人生貴得適志，何能羈宦數千里，以要名爵乎！』後人遂以此寄思鄉幽情。對此我很理解，不過想的不是北京飯館有蒓鱸，而是北京沒有的石蓮豆腐和青草糊，常常一吃冰淇淋就想它們。」老先生的鄉愁裡，不是蒓鱸之思，蒓鱸之思太貴族化、太奢侈，老先生的鄉愁，是一碗青草糊、一碗石蓮豆腐，那是舊時每一個孩子都能接觸到的美味。

我有很多年沒吃過石蓮豆腐了，二〇一四年楊梅熟時，朋友邀我去摘楊梅，鄉間路上，有賣石蓮豆腐的，大喜過望，要了一碗，透明如玉的石蓮豆腐，加紅糖、薄荷油勾兌成的調料，喝一口，甜甜的，但是少了薄荷的清氣，也吃不出兒時的那個味了。

我有點惆悵，我忘了時光的侵蝕。或許，於我而言，石蓮豆腐，用來懷舊，更合適些。

夏日餐桌上的蜜汁蓮藕

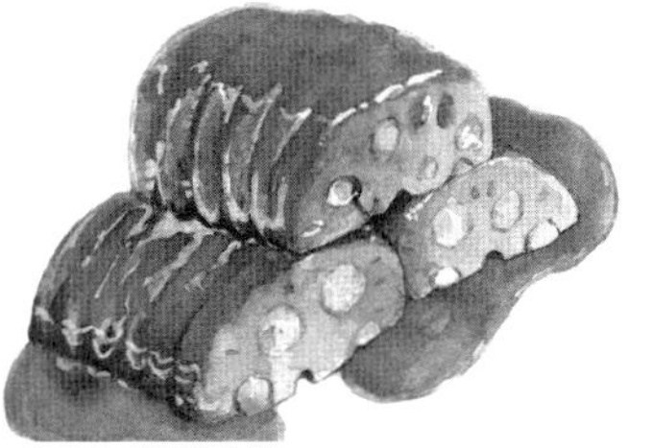

舊時江南人家養荷者頗多，夏天的時候，在院子裡，端出四方桌，捧著飯碗吃飯，邊上是一缸蓮花，眞是秀色可餐。有時，他們亦以荷葉做荷葉粥，別有清香之味。至於蜜汁蓮藕，更是他們夏日餐桌上的尋常之物。

再也沒有比蓮更好的植物了，花可賞，而且備受讚賞，蓮與藕可做成各種美食。

江南多蓮田，鄉間的孩童喜歡擎一柄蓮蓬，掏裡面的蓮子吃。蓮子是青綠色，似有水氣，一咬，甚是清口。我也喜歡吃新鮮的蓮子，別人吃蓮子摘掉蓮心，我不摘，我喜歡這一點點的苦味，可以清心也。夏天，在杭州西湖邊散步，撞見賣蓮蓬的，五元一支，我買了，掏出一粒粒的蓮子，邊走邊吃。給兒子幾粒，兒子勉強吃了一粒，說清苦得很，一點沒吃頭。

說到蓮蓬，想起一個有意思的對子，上聯是「荷花，蓮蓬，藕」，下聯是「拳頭，巴掌，手」，說某位名人小時候，家教頗嚴，沒少挨父親拳腳。有一次，父親指著門口蓮塘，說出「荷花，蓮蓬，藕」讓他對，孩子一時想不出，眼見著父親的老拳就要落下來，情急之下，對出「拳頭，巴掌，手」。

《金瓶梅》第十九回，寫到潘金蓮吃蓮蓬，日落時分，西門慶與潘金蓮在自家新建的花園裡一起喝葡萄酒，潘金蓮坐在西門慶腿上，「纖手拈了一個鮮蓮蓬子，與他吃」。蓮同憐，自南朝起，蓮子便成了男女間表情達意的事物。偏偏西門慶不解風情，回說：「澀剌剌的，吃他做甚麼？」

蓮子入食，有各式作法，配菜、做羹、燉湯、熬粥、製餞、做糕點，婚宴的甜點中，通常有一道蓮子羹，象徵著婚後生活的甜甜蜜蜜。

蓮藕的味道更好，寶玉在挨過板子後，借勢撒嬌，想吃小荷葉小蓮蓬兒的湯，「借點新荷葉的清香」。

我最喜歡吃的，是蜜汁蓮藕，入口綿軟，色澤潤嫩，又甜又糯，像蘇州美人說的吳儂

▲春荷全身是寶，花可賞，葉可做荷花粥，蓮子可食，蓮藕可做成藕粉。

軟語。與蜜汁有關的甜食，我都喜歡，比如，蜜汁番薯，我就百吃不厭。至於蜜汁蓮藕，更是打小就熱愛。當藕成熟，白胖如孩童手臂，做成的糯米蜜糖藕片，是美食，糯糯的，甜甜的，這種甜，不讓人膩味，甜得穩重厚實，那種軟糯的香甜，讓人感到放鬆和踏實。我有虛勞咳嗽之癥，久未見好，中醫說，蓮藕潤肺止咳，平日裡要多吃蜜汁蓮藕。

做蜜汁蓮藕沒什麼技術，不過，要有十分的耐心，而且要選用我們江南的蓮藕，北方的藕大而無當，不甜，而且太粉。將糯米浸泡水中，泡得胖大後，瀝乾水分，將藕洗淨去皮。切開一截藕頭，將糯米拌著白糖（如要潤肺，冰糖碎效果更好）灌入玲瓏的藕孔，塡實，使勁兒用筷子捅緊，蓋上切下的小半截的藕頭，用牙籤斜插進分切的藕身，固定好，即可上蒸籠。蒸好後，放涼，切成厚薄均勻的片，最後澆上蜜汁，即可。

▲荷花謝後，結成蓮子。

藕還是一味好藥，生食可以生津止渴、開胃消食，熟食可補虛、養心生血，故有「新採嫩藕勝太醫」的說法。蓮藕還可解魚蟹毒，據說，當年宋孝宗因食湖蟹患痢疾，太醫用遍好藥，依然不見好，有一民間醫生將新採的藕節研成細末，用熱酒調和，服用幾次後即見效。孝宗高興之餘，賞賜民間醫生一個杵藥的金杵臼。

除了蜜汁蓮藕，我還愛吃藕粉。藕粉就是由藕做成的，小時候生活在杭州，西湖藕粉沒少喝，白色微紅，清香味濃。夏天，與外子在西湖邊散步，沿著斷橋走了半天，走得熱了，買一碗藕粉，吃上去厚厚的、膩膩的，黏糊糊的，一點不清口，完全不是小時候吃過的那個味。眞是掃興。

在西湖邊漫步，看到別樣紅的映日荷花，想起芸娘做的清新荷茶——清人沈復在《浮生六記》裡說：「夏月荷花初開時，晚含而曉放。芸用小紗囊撮茶葉少許，置花心。明早取出，烹天泉水泡之，香韻尤絕。」說荷花含苞待放時，取一小撮茶葉，用紗布包成茶包，傍晚時分，放到荷花花蕊裡。次日晨，待荷花開放時取出。用泉水泡沖，除了茶葉原有的清香外，還有一份荷香。

二〇一三年夏天，《南方都市報》的副總編崔向紅出差杭州，我和潘文泉趕到杭州看她，《都市快報》的胡紅斌宴請我們。我們四人曾在北京一起培訓，很是投緣，散了課，結伴去農家的瓜地摘瓜，去盧溝橋看石獅子，去夜排檔喝酒聊天，那段日子，想起來，挺有意思的。

紅斌細心，找的是山間的一家酒店，極幽靜，好像世外桃源，他給我們點的都是杭州菜，宋嫂魚羹、龍井蝦仁、西湖醋魚、杭州醬鴨、杭椒牛柳、西湖蒓菜湯等。跟蓮有關的菜有兩道，一道是蜜汁蓮藕，一道是荷葉梗做的菜。菜很清淡，卻有江南的風花雪月。嫣紅的蜜汁蓮藕盛在晶瑩的玻璃盤裡，綴以碧綠的芹葉，看著就覺得清新。用荷葉梗做的菜，吃口相當爽脆，可惜忘了菜名。那天，我們四人喝得微醺，說了許多巴肝貼心的話。好像有人醉後還說了不少胡話。

那次的聚會實在是太讓人難忘了，以至於現在一吃到蜜汁蓮藕，我總會想起前年夏天我們四人相聚的時光。

吃苦瓜，自討苦吃

「春分種菜，大暑摘瓜。」一到大暑，可以吃到各種各樣的瓜，西瓜、南瓜、冬瓜、苦瓜、甜瓜、青瓜、黃瓜、絲瓜、蒲瓜等。

大暑時，到天台採訪，經過一片瓜地，與瓜農聊了幾句，他從瓜田裡摘了只瓜，沒刀，就一拳擂開來，西瓜翠皮紅瓤，散成幾瓣，還帶著陽光下的熱氣，一塊兩塊落肚，頓覺暑氣漸消。給他錢，不要，說，吃自家種的只把瓜，算不了什麼。這便是吳冠中筆下質樸溫良的天台鄉民。

說到瓜，有滿肚子的話。早些年，住臨海茶田巷，房子不大，卻有一個大院子，我在院子裡種過刺瓜。刺瓜長得眞好。種下沒多時，綠色的葉子就蔓開來，拉了繩子，葉大如掌，藤蔓勾連，柔嫩的藤蔓繞開來，占了好大一塊地。果實纍纍，垂掛下來，我摘了兩大竹籃，有幾十個。豐收的喜悅，算是體會到了，那段時間，家裡淨吃刺瓜炒肉片。朋友來我家玩，臨走時，我硬塞給他們三五個刺瓜，說是讓他們共享豐收之果。

有一年夏，到鄉間散步，在田間，摘到幾個很老的絲瓜絡，拿回家洗碗擦鍋。絲瓜絡裡藏有好幾粒絲瓜籽，挖了出來，來了興致，就埋在院子裡，沒多久，藤藤蔓蔓長出來，後來，竟然長出十幾根絲瓜，是意外之喜。

種得最多的是紅娘。紅娘眞好打理，種上後不需費神，它就會自顧自長開，藤蔓越爬越高，一時沒找到竹竿搭瓜棚，就偷懶牽兩根繩子，紅娘藤攀緣上來，碧綠的葉子密密匝匝，開出一朵又一朵黃花，紅娘的花像牽牛花，但花瓣不似牽牛花般圓潤，而是微微的尖銳。一時間，院子裡嚶嚶嗡嗡的盡是蜜蜂。沒多久，一個個嫩綠色的紡錘形的小紅娘便掛在了瓜棚上。雖然是一副醜怪外表，看著就十分清苦，但是青青碧碧的顏色，卻有幾分涼意。等上幾日，紅娘由碧青變金黃，像極了《金瓶梅》裡所說的「豔物」。

紅娘由青轉紅，是眞正的苦盡甘來，就像一點點成熟起來的愛情，李碧華說：「眞正的愛情，必然有考驗、痛苦、忐忑、誘惑、悲哀……種種跌宕，才算完美，這中間也就必然要流淚。從未在長夜哭泣，也成就不了心頭血肉。」這話用在紅娘身上，天衣無縫。

我喜歡掏成熟紅娘的果瓤吃，絮軟綿甜，是怪怪的甜，鮮美異常。溫州人甚至用紅娘釀酒，取名爲紅娘酒。

外地人搞不明白，台州人爲什麼管這種瓜叫「紅娘」。其實，「娘」在台州話裡是「核」的意思。也有人把「紅娘」寫成「紅瓤」，取其瓤色之紅也。我還是喜歡「紅娘」的叫法，讓我想到爲崔鶯鶯張生牽線的那個俏紅娘。「紅瓤」，太寫實了吧！紅娘是我們這裡最常見的叫法，也有把紅娘稱爲荔枝瓜的。

有人說紅娘就是苦瓜，紅娘屬葫蘆科，是一種蔓生植物，醫學上就稱山苦瓜。李時珍在

《本草綱目》中也說：「苦瓜原出南番，今閩廣皆種之，五月下子，出苗引蔓，並如葡萄而小，七八月開小黃花，五瓣如碗形，結瓜長者四五寸，短者二三寸，青色，皮上痱瘰如癩及荔枝殼狀，熟則黃自裂，內在紅瓤裹子，瓤味甘可食，其子形如瓜子。」

也有人說，紅娘就是紅娘，苦瓜又是苦瓜，兩碼事。因為紅娘是紡錘形，而苦瓜是長條形的。苦瓜長到最後還是苦的，紅娘成熟以後就是甜的。苦瓜是嫩時吃皮，紅娘則是熟時吃瓤。而在我眼裡，紅娘就是苦瓜的變種，至於長得不同，並不奇怪，地域、氣候差異使然。

大凡略帶苦味的食物都有清涼解毒之效。李時珍說苦瓜具有「除邪熱、解勞乏、清心明目、益氣壯陽」之功效。清代王孟英的《隨息居飲食譜》說：「苦瓜清則苦寒；滌熱，明目，清心。可醬可醃。——中寒者（寒底）勿食。熟則色赤，味甘性平，養血滋肝，潤脾補腎。」說青色的苦瓜寒性重，待轉為紅色後，苦味減退。廣東人把苦瓜切片，晒乾做藥用。

青嫩的苦瓜摘下即可炒菜，綠意滿眼，其瓜雖苦，卻從不會把苦味傳給「別人」。如用苦瓜燒魚，魚塊絕不沾苦味；炒肉片，肉無苦味，反倒變得清口；苦瓜燒排骨，排骨減了油膩，可見苦瓜「有君子之德，有君子之功」，難怪叫它君子菜。不像茄子那樣，毫無個性，沾點肉味，就變得曖昧起來，像牆頭草，隨風倒。《紅樓夢》裡寫到一味「茄鯗」，是「把才下來的茄子把皮了，只要淨肉，切成碎釘子，用雞油炸了，再用雞脯子肉並香菌、新筍、蘑菇、五香腐乾、各色乾果子，都切成釘子，用雞湯煨乾，將香油一收，外加糟油一拌，盛在瓷罐子裡封嚴，要吃時拿出來，用炒的雞爪子一拌就是」——燒好的茄鯗其實已經不干茄子什麼事，若是搭上苦瓜，管它配的是別的七七八八，苦瓜還是那個味。

苦瓜有別的名，癩瓜、癩葡萄、癩蛤蟆、紅姑娘、涼瓜、君子菜等。苦瓜味苦，家裡有本石濤的畫冊，石濤肆意放達，畫筆下，常把荒寒之苦轉化爲恣意的狂態，他自稱「苦瓜和尙」。這個苦瓜和尙，想來平素都是吊著一張苦瓜臉的。

別地說，啞巴吃黃連，我們這裡則說，啞佬吃苦瓜，都是有苦說不出的意思。我怕苦，朋友送我苦丁茶，喝了幾口，就放下了，但是清炒苦瓜，一盤的青翠，看著就覺得清爽。

吃苦瓜是自討苦吃。香港演員狄龍說：「苦瓜不苦，辣椒不辣，女人不漂亮，這像什麼話。」可見苦瓜就應該苦。

▲春分種菜，大暑摘瓜。

秋天顏色的桂花酒

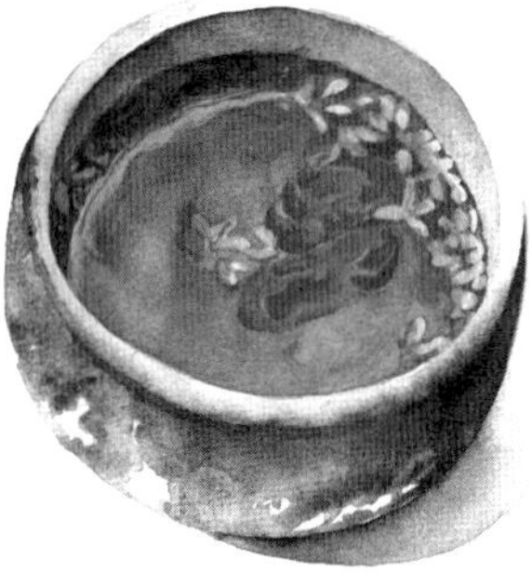

玉米、番薯、楊梅、葡萄都能變成好喝的美酒。但是，最好喝、最有詩意的，莫過於桂花酒。番薯燒在我眼裡是鄉間小調，楊梅燒是民歌，而桂花酒，則是小令。

秋分與寒露時節，最宜釀桂花酒。

暮春和金秋，是江南最好的季節。一到九月，天高，雲淡，滿城桂香。當空氣中從早到晚飄逸著桂花的甜香，米粒般的桂花密綴枝頭時，就可採摘桂花了，在桂花樹下放一張大大的蓆子，用竹竿輕輕敲打著桂枝，便會落下一地桂花雨。有些老桂樹，一次就可打下上百斤的桂花。

做桂花酒並不麻煩，揀淨桂花中的細枝，把桂花在陰涼處晾乾，待桂花裡的水分減少些，以高粱酒爲原酒，放入冰糖和桂花，封了酒甕，即可完事。經過大半年的發酵，花的精髓深入五穀的魂魄，等桂花沉入酒甕底，酒色變成金黃即可享用。桂花酒晶瑩剔透，醇厚柔和，要知道在廣寒宮裡，那是吳剛獨享的佳釀。南宋那個落魄的浪子詩人戴復古喝過桂花酒後，寫了一首詩：「三杯動情性，一笑付園林。」管他人生如意不如意，喝下三杯桂花酒什麼都可不放心上。

屈原在《九歌》中說：「援北鬥兮酌桂漿。」桂漿就是用桂花釀製的桂花酒。上乘的桂花酒色呈琥珀，酒質香醇、濃厚，上口帶桂花香，微甜，不待痛飲，聞其味，心已然先醉了。白居易曾用「線惠不香饒桂酒，紅櫻無色浪花細」的詩句來讚美桂花酒。宋代蘇軾更作有《桂酒頌》，對桂花酒稱頌再三。我在桂林喝過桂花酒，金黃的，秋天的顏色。老實說，那天我有點醉了，一半是因爲美景，一半是因爲美酒。

在江南，釀楊梅酒的人多，釀桂花酒的人少。夏至楊梅紅時，很多人家會泡上一兩瓶楊梅酒，而桂花酒少有人釀。不過，我在鄉下，喝到過好喝的土釀桂花酒——我有一友，老家有房，在鄉野，院子很大，有好幾株老桂花樹，說是她爺爺那輩種下的，她釀桂花酒，也醃漬桂花。糖桂花是用桂花、白糖拌和醃製而成的，不用鹽醃，而用糖，是因爲用糖醃反而會保持花的原形，香氣亦存得長久。

秋天桂花香時，她請我們賞桂花，喝去年釀的桂花酒。我得承認，我是個附庸風雅的女子，一聽到桂花酒幾個字，便想起了翁同龢的「帶徑鋤綠野，留露釀黃花」的佳句，於是，主動跳將出來提議喝。見了桂花酒，不知怎的，平日裡的矜持不見了，倒顯出幾分豪放來。其實應該婉約些，才對得起這種花酒呢。家釀的桂花酒，綿甜清香，嫩黃的酒色中帶著淡淡的翠綠，晶瑩剔透，甜中帶香，沒有尋常白酒的辛辣味，又不似黃酒醇厚。喝一口，唇間是甜蜜蜜的味道。微微的醉意中，品味著日常生活中小滿足中的大幸福。

女友釀的桂花酒，金黃金黃，包含著陽光的顏色、質感和氣味。定心一聞，有秋天的桂花香在裡面。喝一口，是煙火歲月裡的暗香，好像綿長的人生全在裡頭。喝到微醺，有年華似水的感嘆，也有些許人生易老的傷感。不過，在秋的意境裡一醉方休，也是人生美事。有一位不善飲酒的作家，三大杯桂花酒下肚，語無倫次，不識歸路。另一位平素極靦腆的男士，暗戀女友多年，喝了酒壯了膽，趁機打開話匣子，絮叨個沒完沒了。但說了半天，就在外圍打轉，沒敢切入主題，我在邊上聽了，真替他發急。

賞了花喝了酒，臨走時，她送我們每人一小瓶糖桂花，一打開瓶蓋，沁人心脾的香氣襲來，車裡滿是桂花的芬芳。回家後，我拿這些桂花燒桂花赤豆粥、泡桂花藕粉、吃桂花栗子羹、喝桂花酒釀、做桂花糯米藕，把桂花的好處發揮得淋漓盡致。

國慶長假，沒出遠門，去爬了白雲山。山上有農家院落，有株很大的老桂樹，幾個老嫗在採桂花，我掇條凳子在邊上看得入了迷。臨走一衝動，把幾臉盆的桂花全買下，足足有一二十斤重。這麼多桂花原本想釀成桂花酒的，但我沒有足夠的耐心等待桂花變成佳釀，索性把它晒乾，做成桂花枕。枕著桂花枕，我聞到的，卻是桂花酒的醇香。

▲桂花除了釀桂花酒之外，可做成各種美食。

秋風起，栗子落

▲桂花栗子糕。

秋分時，有村婦挑著菱角在家門口賣，便買了一斤，邊走邊吃。菱肉粉糯，帶點湖塘水澤的野香。吃著菱角，就想到栗子。

栗子是江南人愛吃的乾果，它包裹在叢密長刺的球形殼鬥中，未剝殼時，完全是個刺頭兒，剝了殼後，現出褐色油亮的眞身，倒也不失可愛。民國時候江南多地大旱，村民以板栗度過荒年，故江南不少地方稱板栗爲「鐵杆莊稼」——鐵杆二字，輕易用不得。除了「鐵杆朋友」的鐵杆能擔得起這二字，還有什麼植物能擔得起這麼重的名頭呢？

唐代詩人項斯有《宿山寺》詩：「栗葉重重復翠微，黃昏溪上語人稀。月明古寺客初到，風度閑門僧未歸。山果經霜多自落，水螢穿竹不停飛。中宵能得幾時睡？又被鐘聲催著衣。」項斯夜宿山寺，耳中所聞是栗果自落，目中所見是草螢亂飛，而僧人未歸，無人共語。詩中一派孤寂之意。

我們這裡的板栗，塊頭不大，皮薄味甜，

不像外地的一些板栗，個頭大，但甜分不足，中看不中吃。栗子熟時，鄉野的孩子，最為高興，知道又有解饞的物事了。秋風一起，成熟的栗子會從樹上自動脫落，像個淘氣的孩子蹦落到地上。本地話說，撿地貨，不罪過。在栗樹下撿栗子，是農家孩子的樂事。調皮的孩子，光在樹下撿還不夠，還會握著長長的竹竿去打，或者索性爬上樹梢去搖晃，落下一地刺殼。稍熟的，毛殼裂開一點，像是開口笑，可見裡面褐色的板栗，而有些則嚴實得刀槍不入。孩子們撿栗子撿得興高采烈，有時一個不留神，會被長滿尖刺的栗子扎著，不免大呼小叫。栗子樹的樹幹很有味道，賈祖璋就說栗子的樹幹「好像扭曲的樣子，裂紋排列極整齊的，就好像婦人所穿的有斜條紋的長衣，極為美觀」。

栗子可生吃，口感甜而脆。秋天，山裡的朋友送來幾竹籃的栗子，一時吃不完，我把栗子掛在陽臺內，風乾。等栗子失了水分，變得蔫不拉嘰，再吃，一咬，是絲絲的甜，味極清香。麗水慶元有錐栗，果實呈錐形，看上去不起眼。我到慶元出差，景飛師兄送過我兩箱錐栗，說錐栗味道比板栗要好。我起初以為他這是「宣傳口徑」，因為他總是到什麼山上唱什麼歌。拆開真空包裝的袋子，撿幾粒錐栗出來，一吃，果然糯而香甜，比板栗好吃。冬日夜，抱著個熱水袋，邊看閒書邊吃錐栗，是美事。難怪宋時台州詩人薛泳有詩：「一盤消夜江南果，吃栗看書只清坐。」

栗子有強筋壯骨的作用。中醫就說，冬季食栗勝過喝腎寶。宋嘉定《赤城志》就有記載——《本草》栗注云：「剡及始豐皮薄而甜，相傳有人病足，往其下食數升即能起行。」始豐，今天台也。宋代文學家蘇東坡，晚年身患腰腿痛的毛病，常常食栗來食療。南宋詩人陸游晚年齒根浮動，也吃栗健齒。

江南人家，用栗子做的美食裡，有板栗煨雞、板栗燉肉。山裡人家尤其喜歡板栗燉土豬肉。杭州人好風雅，喜歡把栗子煮得爛熟碾成丁，再撒點桂花，做成桂花栗子羹。這一道桂花栗子羹是秋天可口的時令小吃。

秋分時，鬧市的街頭，隨處可見炒栗。大炒鍋架於紅火爐之上，鍋裡是粗糲的沙子，漢子光著膀子在用力翻炒著栗子，沒多久，糖稀燒化出焦甜的味道，炒好的栗子油光發亮，香味勾人饞蟲。也有不用糖稀用蜂蜜來炒的，拿著黏手，吃起來更甜。單位邊上有家炒栗攤，頗有名，老板很有個性，每晚賣完二十斤就收攤走人，多一斤也不賣。

清人郝懿行在《晒書堂筆錄》裡寫到糖炒栗子：「余來京師，見市肆門外置柴鍋，一人向火，一人坐高杌子，操長柄鐵勺頻攪之，令均勻。其栗稍大，而炒製之法，和以濡糖，藉以粗砂，亦如余幼時所見，而甘美過之。都市炫鬻，相染成風，盤飣間稱美味矣。」一百年前京師炒栗的方法，與現在江南街頭糖炒栗子的方法並無兩樣。

糖炒栗子，要趁熱吃，甘甜綿軟，香糯可口。有時，兩人一起看電影，電影散場後，買一紙袋糖炒栗子，邊走邊吃，覺得秋天過得很充實，人生亦很充實。

高橙，渾圓快樂的果實

立冬到了，高橙可以採摘了。秋天採高橙，是讓人開心的事。一片濃綠的葉間，露出金黃的果子，沉甸甸的黃金果子把樹枝壓彎了腰。

高橙是溫嶺的特產，溫嶺還是中國高橙之鄉。溫嶺高橙是柚與甜橙的雜交種，起名高橙，是否含有青出於藍而勝於藍的意思呢？我還是喜歡它的另外一個名——玉橙，有溫潤的感覺，凡是以玉起頭的，都是好物事，如玉人、玉帛、玉版宣、玉蘭、玉器、玉石，當然，還包括玉橙。

我喜歡高橙，喜歡它碧翠的葉、清正的香，喜歡它渾圓的外表、溫暖的顏色，喜歡它內裡的豐盈多汁，元代溫嶺學者林昉說：「柑之葉，如宮庄柳眉，色嫩青如栝。花比橘柚而小，氣清而和，在荼蘼茉莉間。」他不像學者，倒像是小資詩人。

高橙是那種渾圓而快樂的果實，那種單純的金黃，在初冬的季節，能喚起人們內心對溫暖的嚮往。而對遊子來說，高橙的味道，甜酸適中，清香可口，略帶苦味，這是思鄉的味道，甜美，又帶些酸楚，有時還有些許的苦澀。朋友是女強人，肩上擔子不輕，一累，就上火，一上火，就想到家鄉的高橙。也許本質裡，她不是想要吃高橙，清涼敗火的東西，哪裡沒有呢？非得巴巴地等高橙來敗火，恐怕，還是鄉愁在作怪吧！鄉愁是味覺上的思念。季節愈深，離家越遠，鄉愁越濃。

我在溫嶺工作過，時間不長，才九個月。那時單位樓下，常見一位老人，蹬著三輪車來賣高橙，高橙是他自家種的，立冬時剛摘下。我一到秋冬就上火，喜歡尋些清火的水果，老人說，高橙敗火最好。老人家的高橙剛摘下，蒂頭還帶著綠葉，色鮮皮香，一看就有清涼的感覺，個大形美，色澤橙紅，一只有近一斤重。

剝高橙時，滿室都是馥郁的橙香。蘇東坡有詩：「西風初作十分涼，喜見新橙透甲香。」說橙香之烈簡直可以穿透鎧甲。戴復古寫得更實在：「散步登城郭，維舟古樹傍。澄江浮野色，虛閣貯秋先。卻酒淋衣濕，搓橙滿袖香。西風吹白髮，猶逐少年狂。」戴復古顯然是食橙老手，因爲橙子不像橘子一般易剝，它的橙皮緊連著瓤，硬剝的話會橙汁四溢，須用手搓幾下，使得皮與瓤稍分離，這樣剝起來就容易多了，戴復古詩中說的「搓橙滿袖香」，是溫嶺人吃橙的辦法，不但易剝，而且剝後衣袖生香。

橙熟之時，正是蟹肥之日，戴復古有首《山行遇秀癡翁》有「新冬行樂賞新晴，幾個江湖舊友朋。霜蟹得橙同臭味，梅花與菊作交承」之句。《武林舊事》載，宋高宗鑾駕出宮臨幸清河郡王張俊的府邸，張俊在自己的華府招待皇帝佬兒，滿桌珍饈中，有兩道菜與橙有關，一是螃蟹釀橙，一是蝦橙膾。這個張俊就是那個奪走台州才子左譽心頭之愛的大將。

《山家清供》記有螃蟹釀橙的製法：「橙用黃熟大者，截頂，剜去瓤，留少液，以蟹膏肉實其內，仍以帶枝頂覆之。入小甑，用酒、醋、水蒸熟。用醋、鹽供食，香而鮮，使人有新酒、菊花、香橙、螃蟹之興。」而「蝦橙膾」是把切細的蝦肉與橙皮和在一起而成。如果此橙用澀嶺的高橙，或許興味更濃。

秋天採高橙，是讓人開心的事。一片濃綠的葉間，露出金黃的果子，沉甸甸的黃金果子把樹枝壓彎了腰，有時不得不勞幾根小木棍支撐著，來分擔高橙的重量。剛離樹的高橙，味酸而苦，放些時日，味道則變得十分清口，咬上一口，頓時甜透心底，口感清爽，香沁嘴角，令人舒心愜意，回味無窮——像心高氣傲的女子，未出閣前，帶著幾分自以爲是的青澀，歷練久了，心氣自然平和。高橙跟文旦一樣，皮厚，耐貯藏，可貯藏至翌年春夏，這麼說來，這種水果倒有點像紹興黃酒，貯藏得法的話，風味會越來越佳。

吃著高橙，想起了個叫橙的名人——龔橙，龔自珍的兒子，他是才子，也是狂士，圓明園就是他引領英法聯軍燒的。對妻兒他一向沒好臉色，同城而居的結髮妻子，他十幾年不願見一面，對胞弟跟對路人無異，對朋友，一不順眼，就以白眼示人，人稱「狂放名士」，但他唯對小妾愛如珍寶，故人家戲稱他爲「半倫」。中國傳統社會的人倫，有君臣、父子、兄弟、夫婦、朋友等「五倫」，龔橙只對小妾好，所以他人叫他「半倫」。龔橙並不覺得可恥，索性以「龔半倫」自稱。

高橙清香可口，生津止渴，既能清肝明目，又能醒酒降壓。藝術大師劉海粟曾寫信給澀嶺畫家陳曼聲，說自己「髦年口渴，極嗜高橙」。陳曼聲是劉海粟學生，才氣甚高，其畢業作品《蘭竹圖》由潘天壽題跋，作爲佳作留存學校。劉海粟多次勸他留滬任教，但陳曼聲堅持回故里，他曾執教於溫嶺中學。我那時在溫嶺中學讀書，他已是耄耋翁，但精神矍鑠。曼聲老人工花鳥，常作梅花、蘭竹、紫藤、牡丹、荷花、月季、蒼松及公雞、金魚等，別有韻味。

我喜歡喝高橙汁，用榨汁機榨汁，清口，略帶苦味，非常解渴。高橙釀製的果酒，清澈透明，果香和酒香，清雅純正，喝上一杯，幸福指數一下子就飆升了。

▲高橙與文旦，都是江南佳果。

舌尖上的風花雪月

小雪節氣過半，我請幾個女友到家裡吃菊花火鍋。清澈見底的湯，湯上漂浮著一瓣瓣的菊。今秋陽臺上的菊花，開了六七十朵，端的是繁花似錦，夠吃一陣子的菊花火鍋了。是花，註定要凋謝的，在凋謝之前，入了饌，也不失爲對花的一種紀念。

菊花火鍋，光聽名字，齒頰間已然有了芬芳。吃花，也算是唇齒間的風花雪月。江南人家的花饌裡，除了菊花，還有金銀花、桂花、杜鵑花、百合，當然，吃得最多的是黃花菜。這些以花卉入饌的菜，有色有香有味，名字也起得好，什麼翠柳啼紅、踏雪尋梅、翡翠銀芽、牡丹鱖魚、桂花扇貝、芙蓉雞塊、玫瑰炸鍋、滿園春色等，見了這些花食，我不忍下筷，怕擾了風花雪月的清夢。以花入菜，在浪漫主義者的眼裡，好像是不食人間煙火的舉止，實際上，它來自於最鄉土的民間，再粗鄙、再老土的人，誰敢說自己沒吃過黃花菜燉豬肉呢？

從南到北，全國各地的人都在吃花。這些年在全國各地跑，各地的花食沒少吃，我在雲南吃到過芭蕉花燉雞、涼拌柴花、雞茸金雀花，在新疆吃過雪蓮花燉雞肉。有一年驚蟄節氣到上海，吃到玉蘭片——用濕麵粉裹著玉蘭花和豆沙入油鍋煎炸，香嫩而脆甜。在成都嘗過一種叫雪霞羹的：將採摘下的芙蓉花，用開水一焯，拌上豆腐，有紅有白，如雪霽之霞。

麗水龍泉有一道菜，是用木槿花燒的豆腐羹，很有味道。木槿花是很詩意的花，有紅有白，白得雅緻，紅得清爽，它的淡紅，猶如二八少女的粉臉，所以古人以此花形容女性的美麗。《詩經．鄭風．有女同車》就寫道：「有女同車，顏如舜華。」這舜華就是木槿花。《本草綱目》說木槿花有「消瘡腫，利小便，除濕熱」之功效。龍泉人把木槿花叫新米花，意謂新米要上來的時候開的花，這個名字，可謂是浪漫主義與現實主義的結合。

從龍泉出差回來，見樓下木槿花開得正好，摘下幾朵便直奔廚房，未幾，一碗木槿花豆腐羹便炮製出來了。吃了木槿花燒的豆腐羹還不過癮，我還「研發」出一道甜點——冰糖百合枸杞木槿花。百合出自蘭州，肥厚，呈象牙白，豔紅的枸杞來自寧夏。這道甜羹，有紅有白，味道十分甜美清爽，尤其是木槿花，口感如上好的白木耳，凡吃過的朋友無不叫好，被戲稱為「王家娘子鎮廚之肴」。

▲以花卉入饌的菜，有色有香有味。

花卉入饌，不是現代人的作風，《詩經》中就有之：「春日遲遲，采蘩祈祈。」多麼曼妙的詩句啊！春日裡，美少女們去採摘開白色小花的野菊入菜。屈原在《離騷》中說：「朝飲木蘭之墜露兮，夕餐秋菊之落英。」晉人相信食花可長壽，晉代的文學家傅玄稱菊花「服之者長壽，食之者通神」。晉代名醫葛洪則說得更玄乎：「用白菊花汁、蓮汁、樗汁和丹蒸之，服一年，壽五百年。」後來，他索性跑到天台山來煉丹，以期長生不老。宋代大文學家蘇東坡採集松花、槐花、杏花入飯共蒸，密封數日成酒，並揮毫作歌曰：「一斤松花不可少，八兩蒲黃切莫炒，槐花杏花各五錢，兩斤白蜜一起搗，吃也好，浴也好，紅白容顏直到老。」

在江南，從春到冬，一年四季都有花可食。春日裡，杏花、百合、玉蘭花、槐花、蘭花都可食，烹製成的菜肴有桃花冬瓜盅、杏花燴豆腐、杏花汁燜鴨、杏花魚絲、蘭花豬肚、蘭花鴨片、蘭花燴鵪鶉、百合豆腐、百合粉絲、百合帶子、蘭花汆丸子、蘭花肚絲、蘭花雞絲等。

春天的鮮花，還可做成點心，金櫻子花與麵粉配上白糖，做成的薄餅叫迎春餅。北京城有一種槐花製的餡餅，叫槐花芝麻餅。除了槐花芝麻餅，北京還有玫瑰花餅和藤蘿花餅。女作家淩叔華曾經在北京宴請泰戈爾，招待泰戈爾的點心，就是百枚新鮮玫瑰花餅和百枚新鮮藤蘿花餅，茶是家中小磨磨出的杏仁茶。這一切很投合詩人的趣味，泰戈爾曾說，淩叔華比林徽因「有過之而無不及」，徐志摩稱讚淩叔華，說她的文字散發著「一種七弦琴的餘韻，一種素蘭在黃昏人靜時的微透的清芬」。舊時代文人的情愫，是乾花，隔了一個世紀，還是有芬芳盈袖。

炎炎夏日裡，可用南瓜花炒魷魚，用茉莉花炒魚片，用薄荷花、綠豆、紅棗煮消暑粥，用玫瑰做蟹羹，清涼爽口，消暑生津。

秋風起時，則宜拿菊花入饌。菊花孤高，入饌卻平和，秋菊釀鯪魚、菊花豆沙湯圓、白菊蛇羹、菊花魚片、雙蟹戲菊、黃菊魚肚、菊花雞絲、菊花明爐魚、菊花海鮮羹、菊花燴鵝肝，著實入味。司馬光在《晚食菊羹》的詩中寫道：「采擷授廚人，烹調宜甘酸。毋令薑桂多，失彼眞味完。」菊花入饌，不宜多放調味料，怕蓋住了菊花本眞的味道，看來，司馬光不但會砸缸，也懂美食。

小雪時節，吃著菊花火鍋，菊花的清香滲入湯內，是那種乾乾淨淨的鮮美，清清爽爽的味道。隔著落地玻璃窗，外面是寒冷的氣息，裡面是熱氣騰騰的人間煙火。

▲在江南，從春到冬，一年四季都有花可食。

店頭荸薺三根蔥

冬至一到，就可以挖荸薺了。荸薺在我們這裡是尋常物，沒甚稀奇。

台州產荸薺，民國時期，台州荸薺的產量，占了全浙江省的一半，其中尤以黃岩店頭的荸薺最爲出名。店頭的荸薺，尖端突起紅中透白的荸薺芽兒，紅潤發紫，烏黑發亮，精氣神十足。漆器中有一種顏色，就叫荸薺紅。這種荸薺漿分很足，咬一口，嘎嘣脆，用台州話說，就是「爽爽聲」，它的鮮甜細嫩、清脆爽口，遠勝於秋梨。「黃岩蜜橘紅丁冬，店頭荸薺三根蔥」，黃岩人能拿來吹牛的事物不少，不過這句俚語還眞不是吹的，店頭荸薺的確名聲在外。除了店頭，黃岩的高橋、院橋產的荸薺也很出名。

荸薺是江南豐腴的清水田中孕育出來的。李時珍說荸薺「生淺水田中，其苗三四月出土，一莖直上，無枝葉，狀如龍鬚……其根白蒻，秋後結顆，大如山楂、栗子，而臍有聚毛，纍纍下生入泥底」。北方人把荸薺稱爲「馬蹄」，台州人稱爲「地栗」——大概是因爲它在泥地下結果，結出的果子又是皮色紫黑，粗看如栗。

汪曾祺在小說《受戒》中寫過荸薺：歪荸薺，這是小英子最愛幹的生活。秋天過去了，地淨場光，荸薺的葉子枯了，……荸薺的筆直的小蔥一樣的圓葉子裡是一格一格的，用手一捋，嗶嗶地響，小英子最愛捋著玩，……荸薺藏在爛泥裡。赤了腳，在涼浸浸滑溜溜的泥裡踩著，……哎，一個硬疙瘩！伸手下去，一個紅紫紅紫的荸薺。她自己愛幹這生活，還拉了明子一起去。她老是故意用自己的光腳去踩明子的腳。

汪曾祺的文字總是那麼清爽，如荸薺，咬下去，脆生生、水靈靈的，文中的小兒女情懷，最是讓人回味。

家鄉的荸薺是用鋤頭挖的。冬至時，荸薺可開挖，鄉人用鋤頭在荸薺地裡翻上一遍，一個個紅彤彤的荸薺就露了出來。用鋤頭挖過的荸薺田裡，難免有些漏網份子。孩子們便去撿漏，光著腳在爛泥裡亂踩，踩到硬硬的一個，摸上來一看，一個紫紅的大荸薺，那高興勁兒簡直沒法形容，把荸薺放水田裡洗一下，洗去泥漿，往衣服裡擦一擦，就往嘴裡塞，咬在嘴裡，甜汁四濺。除了這種圓頭圓腦的荸薺，還有一種野荸薺。野荸薺只有指甲大小，深栗色，入口極甜，就是太小了，吃不過癮。

荸薺價廉物美，水分又足，清口又解渴，但我嫌洗泥、削皮麻煩。街頭有賣荸薺的，村婦手腳利落，拿一把小刨子，削皮動作快如流星，只一會兒，落了一地紅褐色的皮，碗上是雪白的一堆。削了皮的荸薺，白嫩清靈，得趕緊吃，過一歇，顏色就會發黃，像婦人，失了青春，人老珠黃的樣，看著揪心。

荸薺可做菜，黃岩有一道名菜，叫橘鄉馬

蹄爽。將荸薺去皮搗糊，加適量澱粉做成荸薺團，油炸後加糖，又脆又香，我一人能吃七八個。拔絲荸薺也很好吃，金黃燦爛，外酥裡糯。荸薺還可以磨成粉，然後沖飲，比藕粉更加濃厚，味道也更加爽口。

荸薺還可做成荸薺雞丁、荸薺肉片、拔絲荸薺、冬筍荸薺、荸薺獅子頭、荸薺餅、蜜汁馬蹄、馬蹄芡實糕、雲英糕、荸薺圓子湯等。無論是生的煮的炒的炸的，這些菜只要跟荸薺沾了邊，吃起來，一言以蔽之：脆。不過，我還是偏愛生荸薺，煮熟的荸薺，味道畢竟寡淡些，也失了荸薺清新水潤的自然之氣。

荸薺性寒，清熱又瀉火，最宜用於發燒病人。把荸薺削皮切片，加冰糖，製成冰糖荸薺湯，可止咳。荸薺還可美容，將荸薺用刀片攔腰切斷，把荸薺的白粉漿塗滿酒糟鼻，早晚一次，堅持一月，據說效果不錯。每回看到酒糟鼻的人，我總是很想告訴他們這個方子。

臺灣漢聲編輯室花了兩年時間編輯了《水八仙》一書，其中收入了我寫荸薺的文章，在序裡，他們說：「我們奉上一塊泥巴，泥巴裡裹著水八仙，土得掉渣的風物……漢聲不僅留下一塊泥巴，也留下重塑未來的神土。借水八仙的仙氣，讓現代人體會日日是好日的風物眞味。愛土、愛水，與水八仙相守，是敬祖宗、宜子孫的事。」或許，這就是美食的眞諦，享受到任何一種美食的人，對自然、對土地，都要抱著一顆感恩、敬畏的心。

又愛又惡的香菜

國人對起名一向很有講究，明明是黃豆加豬血，偏叫什麼碧血黃沙，弄得殺氣騰騰，讓人聯想到沙漠上的群雄爭霸、七劍下天山之類；蘿蔔絲上放只紅辣椒，就叫踏雪尋梅，這未免有點唐突古人；芫荽就芫荽唄，古色古香的名字，偏又叫香菜，就像《水滸傳》變成《三個女人與一〇五個男人》一樣，少了古樸厚重，多了脂粉香豔之氣。

香菜出落得蔥蘢翠綠，小鋸齒般的綠葉，頂部淡紫或純白的細花，成團成簇，近根部的莖呈紫紅色，柔弱纖細，讓人愛憐。

不過，香菜的確有香豔的說法。偶然翻閱《靈物志》，裡面寫到香菜：「唐人賞牡丹後，夜聞花有嘆息聲，又胡麻必夫婦同種方茂盛，下芫荽種須說穢語，否則就一定會欠收。」說種香菜時一定要說下流話，否則就收成不好，讓人啞然失笑。

人們對香菜的感情是兩極分化，愛之欲其生，惡者欲其死，汪曾祺就明確表態「不喜歡吃芫荽，以爲有臭蟲味」。我的閨密就跟我說，平生沒幾樣東西讓人生恨的，香菜是其中之一。《嘉祐本草》說香菜可以「消谷，治五臟，補不足，利大小腸，通小腹氣，拔四肢熱，止頭痛，療痧疹、豌豆瘡」。這麼說來，香菜簡直就是一味中藥了，難怪它有怪異濃烈的味道。

我對香菜的感情，有個轉變過程，從排斥到接受再到喜歡。第一次認識香菜，是在大雪封城的一個冬天，那時初爲人婦，剛學著「洗手做羹湯」，哆哆嗦嗦地踏雪買菜。菜場上照例是一些青菜、白菜之類，像是冰峰雪山上搬下來的傷兵，中度凍傷，個個都是蔫頭蔫腦的，唯有香菜水靈靈的，像緊身綠襖的小媳婦，一時豔壓群菜，不由讓人眼前一亮，遂買了一把回家。

因爲是新生事物，難免另眼相看，活學活用地嘗試起香菜的各種吃法。冬筍雞丁一起鍋，趕緊撒下一把香菜，菜未裝盤，一股怪味撲鼻而來，我幾乎疑心自己把未洗的雞腸一塊燒進去了，用筷子撥拉了半天，還好，未見雞腸。主婦雖粗心，尙不至於馬虎至此。再一嗅，發現怪味來自香菜，撮起一把來品嘗，呸，一股臭蟲味兒，我連啐幾口。

香菜的味道來勢洶洶，幾乎無孔不入地滲透到其他菜裡，將其他菜味驅趕殆盡，眼見著餐桌上有牛肉、雞肉，就是不聞牛肉、雞肉味，只有一股霸道的臭蟲味，這眞是鳩占鵲巢。

好長時間，我都無法接受香菜。我的一個女友好風雅，極嗜香菜。周日上她家，她留我吃飯，纖纖玉手在廚房裡擺弄半天，但聞鍋碗瓢盆一陣亂響，旋即端上幾道色迷迷的菜肴來，清清嗓子揚揚自得地報上菜名：香腸加香菜，是綠肥紅瘦；西紅柿湯放香菜，叫翠柳啼紅；白嫩的清蒸鴨子，邊上綴以香菜，取春江水暖鴨先知之意；清燉甲魚圍上一圈香菜，就是壽比南山不老松。

見了這香菜，我只能暗道：苦也。雖然我的口味包容並蓄，但這麼多年，還是聞不慣香菜的味道。因爲這奇味撲鼻的香菜，我既不敢染指春江水暖鴨先知，也不敢在壽比南山不老松上動土。唯見我那人比香菜瘦的女友，翹著蘭花指兒，嫵媚地夾起一塊鴨先知，又夾起一塊壽比南山，三杯兩盞淡酒下肚，微瞇著眼，粉紅著臉，把「翠柳」、「不老松」放進口中，細細地品著，吃香菜吃到這個份上，優雅、精緻，由不得我不佩服。在眾人的一再勸說下，我亦擺出一副視香菜如歸的樣子，無奈香菜一入口，即頭皮發麻，只好舉筷投降。女友掩口笑曰：「你敢吃蠶蛹、竹蟲、海蜈蚣，端的一棵香菜，竟奈何它不得？這好像不是你的性格。」

被她一激將，我逼迫自己吃起香菜。口味這東西有點奇怪，吃多了，也就習慣了，到後來，菜中不撒點香菜，有時就會覺得味道不夠正宗。玩家王世襄老先生極推崇香菜，他在《錦灰堆》裡提到香菜：「香菜也須在農貿市場上選購，細而長的不如短而茁的好。做一盤炒鱔糊，如果胡椒粉、香菜不合格，未免太煞風景了。」

喜歡上香菜還有一個理由，香菜長得清秀，但我覺得它有狂狷之氣，像是外表柔弱而內心剛烈的女子。儘管在菜肴中，它被當成配角，但沒有人能夠忽視它的存在。不管是餛飩、魚頭豆腐還是紅燒狗肉、肥羊火鍋，時時處處可見香菜的身影，或切成碎片，或整枝整葉清綠地鮮嫩著，有種刪繁就簡的淡泊之氣。愛吃香菜的一位詩人朋友，把香菜喻爲「灑金箋」，說肥厚的葷食有了翠綠清氣的香菜，像皇天后土中的幾抹春色。

草紫炒年糕，初春的清新味

「十二月忙年夜到，挨家挨戶做年糕。」
舊時，江南的孩子都知道，
只要家裡開始搗年糕了，意味著年馬上就要到了。
在缺吃少食的年代，過年是富有儀式感的節日，
也是最能給孩子盼頭的好日子。

端午吃粽讓人想起屈原，吃年糕則爲了紀念春秋戰國時期的名臣伍子胥。據說年糕始於三千年前的周代，而最有名的傳說是戰國時期的伍子胥以糯米製磚，埋於城下，備戰備荒。先知先覺的伍大夫知道吳王終日沉湎於酒色，預感有亡國之患，在負責興建闔閭大城時，祕密以糯米製磚，他被逼自刎前，把祕密告訴了家人。伍死吳滅，又逢荒年，眾人挖地三尺掘得糯米磚，度過饑荒。傳說只是歷史的影子，我對此將信將疑，但蘇州人每到春節就特製形似磚頭的糖年糕，以此緬懷伍大夫。

關於年糕還有一個故事。說古時一老婆婆每次燒年糕，總切下一段年糕頭扔進甕中，後來天下大荒，餓殍遍地，老婆婆一家靠年糕頭得以活命。我覺得這是悲觀主義者的作法，像我等樂觀主義者，總是相信「日子越來越

好」，所以不但不存年糕頭，反而寅吃卯糧，提前消費。

各地的年糕都各不相同。杭州、寧波等地的年糕用粳米舂製，小巧可愛，像杭州姑娘，「條桿兒」（身材）好。寧波年糕尤以慈城年糕最爲出名。台州的年糕好像山裡妞，長相粗笨硬朗，甚至可以當防身武器。台州年糕的身坯是寧波年糕的好幾倍，兩地的年糕放在一起，好像相撲運動員跟模特兒站在一起，又有「大江東去」和「小橋流水」的差異。台州年糕雖然跟寧波年糕一樣，用粳米舂製，但沒有浸泡的過程，直接磨粉做成，難免口感生硬些。在吃法上，兩地的年糕也是大異其趣。寧波的年糕適宜婉約地吃——把年糕切得厚薄均勻，水沸後投入鍋中，熟後加糖撒桂花，滑糯不黏牙，可吃出實心糯湯圓的味道，是不錯的早點。而台州年糕的吃法就豪放多了，可以蒸著吃，炒著吃，煮著吃，怎麼吃都行，還可以切成片，切成段，不管你怎麼折騰，都沒問題。麗水松陽有一種叫黃米粿的年糕，當地人稱爲黃金果，是將上等粳米用灌木的灰汁浸泡，蒸熟後置石臼中搗成，金黃的顏色，吃上去有植物的清香之氣。我百吃不厭，覺得比寧波年糕好吃多了。

小時候在姑姑家看過搗年糕，剛搗出來的年糕是溫軟的，可捏成各種動物的形狀，如豬、魚、羊等——過年時，在江南農村，不管海邊還是山裡，都要大張旗鼓做年糕，年年有魚，歲歲增高，多好的口彩呀！

新做的年糕總帶著糕米的香氣，甚至可以用「軟玉溫香」這四個字來形容。

年糕有各種燒法，可鹹可甜，可蒸可煮，可炒可湯，什麼桂花年糕、拉絲年糕、酒釀年糕、青蟹年糕、鯧魚年糕、黃魚年糕、苔菜年糕……林林總總，有四十餘種。你可以下血本來盤野生黃魚湯年糕，也可以來碗最家常的青菜年糕。

江南人家，春天裡，吃得最多的怕是春筍肉絲湯年糕吧。筍要選上好的春筍，且下鍋前不能沾水，香菇不能太老太大，菜要選那種叫菜蕻的油菜，初春時的菜蕻翠綠鮮嫩，頂頭上還有嫩生生的鵝黃色的米粒大小的花苞。過了清明，菜蕻老了，就不宜當菜了。年糕要切得整齊劃一，適中勻稱。上桌後這年糕中，有綠色的青菜、玉色的春筍、淡紅的肉絲、黑色的香菇，那撲鼻而來的鮮香味，令人垂涎欲滴。到了冬天，春筍換成了冬筍，這時搭配的，應該是經霜過的油冬菜，帶著絲絲甜味。如果起鍋前加一勺子土雞湯進去，味道更是鮮美得沒話說。

江南的各大酒店，都有蝤蠓炒年糕，也有梭子蟹炒年糕。不管哪種蟹，一定要新鮮。如果蟹不新鮮，腥味撲鼻，吃口也差，火候更要緊，否則菠菜炒蔫了而年糕未熟，或者炒過了頭端上來的是黏不拉嘰的一盤，賣相難看，也影響食欲。新榮記還有鯧魚燒手打年糕，深受老饕歡迎。

春天時，還有一道平民化的美食叫草紫炒年糕，清新得帶著田野初春的氣息。草紫有個很文藝的名字，叫紫雲英。《詩經》裡說「防有鵲巢，邛有旨苕」，其中的「苕」，說的也

▲草紫炒年糕。

就是它。日本《俳句大辭典》云：「此草與蒲公英同是習見的東西，從幼年時代便已熟識。在女人裡邊，不曾採過紫雲英的人，恐未必有吧。」過去草紫多用來餵豬，或把它翻到地底下作爲肥料，現在嘴刁的城裡人把它當成春天裡的一道好菜。

秋收後，撒一些草紫的種子在田地裡，經過一冬的閒置，一到開春，縱橫交錯的阡陌間，草紫便蓬蓬勃勃地生長著，那紅中帶紫、紫中帶白的細碎小花，如紫色的雲霞在田間瀰漫，又如星子撒落在大地。女孩子踏青時，有時會採摘幾朵開花的草紫，做成花球，掛在腕間或胸前，很有江南風情。草紫花未開時，用它的嫩葉炒年糕，鮮香無比。周作人在文章中也寫過它：「掃墓時候所常吃的還有一種野菜，俗名草紫，通稱紫雲英。農人在收穫後，播種田內，用作肥料，是一種很被賤視的植物，但採取嫩莖瀹食，味頗鮮美，似豌豆苗。花紫紅色，數十畝接連不斷，一片錦繡，如鋪著華美的地毯，非常好看，而且花朵狀若蝴蝶，又如雞雛，尤爲小孩所喜。間有白色的花，相傳可以治痢，很是珍重，但不易得。」

春天裡，你一定要吃一盤草紫炒年糕，那小清新的味兒，說不定到冬天還會留在你唇齒間呢！

在紹興喝酒

如果用老式的錫壺，燙一壺溫熱的黃酒；
如果與你對飲的，是志趣相投的朋友；
如果下酒的除了佳肴，還有美景：
這酒，你是喝還是不喝？
很自然地，我舉起酒杯，而且，不止一次。

紹興，是一個能讓人產生喝酒欲望的城市，浙江作家節在這裡舉辦，算是找對了地方。幾天來，來自全國各地的作家在此酒興大發，用台州話來說，「開了酒門似的」。不是不知道「花看半開，酒飲微醺」，只是興之所至，也就不知今夕何夕了。

紹興是水鄉，又是醉鄉，黃酒之於紹興，猶如角鬥場之於羅馬，貢多拉之於威尼斯，「城中酒壚千百家」，這個城市的空氣中彷彿流淌著酒的味道。

關於紹興的種種我並不陌生，我到過紹興多次，去看過那個承載了太多悲情的沈園，那個流醉了歲月的蘭亭，那個有著紅紅覆盆子和歡叫金鈴子的百草園，那個浸透了暮色的烏篷小舟。而紹興干菜扣肉和臭豆腐，更是我的心頭之愛，我曾數次在文章中謳歌過它們。

紹興是個奇怪的城市，水與火，堅硬與柔軟，總是奇怪地摻雜在一起，比如紹興人吃的是臭豆腐、黴豆腐，可是紹興的文人做出的卻是錦心繡口的好文章；比如，不起眼的小巷裡，水井邊擇菜的婦人，跳橡皮筋的孩童，油鍋裡「吱吱」炸著臭豆腐，而邊上，卻有文物保護的石碑赫然立著，生活的隨意與歷史的厚重感奇怪地交織在一起；比如，紹興出過千嬌百媚的美人西施，同樣出過「右手把劍左手把酒」的俠女秋瑾；再比如，江南文人才情有餘而硬氣不足，而紹興才子卻是石骨鐵硬，遠的不說，近百年來就出過徐錫麟、蔡元培、魯迅這些頂天立地的硬漢，當歷史的天空風雲際會之時，總少不了紹興才子們的振臂一揮。

一方水土養一方人，地處江南水鄉的紹興人，性格上是剛烈的。我總疑心，莫不是千年的黃酒已然滲入了紹興人的血液，未入口是水，入口則是一團流動而燃燒著的火，這紹興酒釀成了古城的風骨，也將紹興人骨子中的硬氣推向了極致。

紹興朋友告訴我，紹興人的生活中不能沒有酒。「跑過三山六碼頭，喝過汆桶熱老酒！」對於普通的紹興人來說，喝幾口醇厚的紹興黃酒，夾兩筷濃香的干菜扣肉，吼上幾句地道的「蓮花落」，這才是老紹興人有滋有味的生活。魯迅先生在文章中多處提到紹興黃酒，他也曾在小酒樓裡吩咐堂倌道：「一斤紹酒。——菜？十個油豆腐，辣醬要多。」多年前有一次在紹興坐烏篷船遊湖，看戴著舊氈帽的船主雙腳不停地踏槳，忙裡偷閒還啜幾口老酒，不禁啞然失笑。紹興人酒量好，曹聚仁就說過：「紹興人喝黃酒，起碼兩淺碗，即是一提；若是上酒店只喝一碗，那是不大夠資格的。」哪怕生活再苦，幾大碗黃酒下肚，心滿意足地搖搖晃晃出去，種種苦處似乎便被化解開來。遊走在紹興的小巷，記憶最深的也是滿街的酒幌，青石板的路，白色的牆，黑色的瓦，牆頭探出一兩枝的薔薇，偶一擡眼，不遠處伸出一挑三角酒旗，酒香彷彿透過未開封的酒罈的紅紙蓋頭，飄滿了小巷。此番風情，遊人看了，酒未上口，卻有一種飄然的感覺，連走起路來似乎也是深一腳、淺一腳的。

的確，在這個流醉的城市，這個流醉的暮春，像一個正宗的紹興人一樣，飲上三兩杯黃酒，是件寫意的事。於是，作家節裡，某某昨晚大醉的花絮時不時傳出也就不足爲奇了。

在紹興，很容易被提起酒興。那晚，坐著遊船，夜遊紹興的環城湖，我、斯舜威、楊靜龍幾個人坐在船尾，不知怎的，就發了酒興。暮春時節，暮色四合，夜風徐來，坐在船上，看岸上夜行者的背影，聽小舟吱嘎作響從旁經過，忽然間前塵往事俱上心頭。船行處，河岸處的風景漸漸地向後退去，也不知怎的，舜威、靜龍與我很自然地就端起了酒杯。先還是小口地品，漸漸地放開了，那琥珀色的女兒紅一杯一杯地喝下去，似乎靈魂深處也飛出快樂來。酒是喝下了，文人的豪爽卻跑出來了，嗓門漸漸大了，引得船首的人頻頻朝我們回望。風景成了下酒菜，夜遊變成了夜飲，只道環城夜遊是美的，至於美在何處，竟無從談起，只是那夜的酒，卻是記憶頗深了，以至於舟停上岸，竟然悵然若失。眞的是「此種情景，許幾人消受矣」。問斯舜威，亦有同感。

在紹興的最後一個晚上，下著大雨，想到第二天要作別紹興，意猶未盡的作家們深夜十二點還冒雨找酒喝。夜深，加上大雨，酒家提早打烊也是意料中的事，可是作家們喝酒的興致上來，硬是壓不住了，於是滿城找酒喝。嘿，七繞八繞，還眞的給找到了。

黃酒相伴助興，作家中號稱不沾酒的也開始舉杯，會喝兩口的來了一杯又一杯，婉約地說著酒事，豪放的開始擊節而歌，琥珀色的女兒紅，透著特有的香氣，瀰漫在整個房間，盛滿女兒紅的杯子在燈光下像江南麥子的顏色。店裡的好酒喝完了，又打發老板娘出去買，也不知沽過幾回酒了，提了多少壺酒上來。

歌聲代替行酒令。黝黑的土家族漢子彭學明和沉默的藏族作家阿來，藉著酒興，唱起一首又一首的土家族和藏族民歌。

一氣喝了不知多少杯，東北來的江浩已經醉倒在紹興的夜風中。一半的作家喝醉了，彭學明、阿來、江浩、麥家，都是「扶得歸來醉似泥」，須知，他們平日裡喝的都是白酒，至於紹興酒，所謂「黃酒糯米做，吃了像妞妞」，他們對黃酒是不以爲然的，沒想到，讓他們醉倒在異鄉的偏偏是這黃酒，這跟武林中的事頗有相似之處，在陋巷之處，有時藏著身懷絕技的高手。連舒婷、儲福金也是喝得微醺。那一晚說了些什麼，想必很多人記不眞切了，但個個都道盡興。不止我們這一桌人喝醉，有好事者統計說，估計有一半的作家在紹興喝醉過。

人生難得幾回醉，放浪形骸醉它幾回又何妨，何況是在紹興，在魯迅的故里，在五月的夜風中。

▶黛瓦白牆的民居，還有烏篷船，這就是水鄉紹興的味道。

吃臭的，喝辣的

「美食」二字，總離不開色香味形。吃貨們到一地，念念不忘的是當地的名吃，所謂「吃香的喝辣的」，專門找臭食吃的似乎不多。

梁實秋在《雅舍談吃》裡，津津樂道的是金華火腿、佛跳牆、咖喱雞；汪曾祺在《故鄉的美食》中大談高郵鴨蛋、家鄉野味，不提半個「臭」字；就是號稱「美食家」的陸文夫寫到蘇州名吃時，似乎也沒怎麼花筆墨在蘇州的臭食——菜包臭泥乾上。

不過，在嗜臭食者的味蕾中，香臭是可以轉化的。《天龍八部》裡，包不同和函谷八友中的書呆子苟讀鬥嘴，苟讀道：「《易經．系辭》曰：『同心之言，其臭如蘭。』臭即是香，老兄毫無學問。」包不同道：「老兄之言，其香如屁。」

各地的臭食，臭得各有特色。比如寧波、台州的臭莧菜梗，就臭得酣暢淋漓，紹興的臭豆腐，更是名聲在外。臭豆腐有多種作法，以陳年莧菜滷汁泡出來的最爲地道——豆腐發霉後，丟進浸泡過徽莧菜梗的臭滷水罈子浸泡，直至它發出大糞一樣的臭味，才算是正宗。

與一幫作家在紹興采風，當地朋友盛宴款待，讓我儘管撿喜歡的點，我叫了兩盤臭豆腐，黃澄澄，香噴噴，外焦裡嫩，香辣味濃，令人回味無窮。

武漢也有臭豆腐，在夏夜的武漢街頭，我一口氣吃下三串剛經過煉獄般磨練的臭豆腐，其色金黃，其氣猶臭，美不可言。長沙火宮殿的臭豆腐也很有名。不過，要說味道，不過爾爾，比不過在紹興吃過的臭豆腐。

在蘇州，我吃過菜包臭泥乾，把臭豆腐、開洋火腿、肥膘剁成末，用包菜葉包成長方形，往蒸籠上一擱，端上桌來，香臭共存，吊人胃口。臭豆腐之臭美，絕對是美不勝收，常令饕餮一族垂涎三尺。

到廣東，朋友請我吃干鍋臭豆腐肥腸。干鍋肥腸，本身就濃香肥美，再加上有臭豆腐相伴，是無可挑剔的一道廣東美食。

在安徽，吃過一道臭鱖魚。這是徽菜中的傳統名菜，原名屯溪鱖魚，又名臭實鮮，鱖魚散發出的味道雖然衝鼻，不過，它的肉質卻是醇厚入骨，鹹鮮透骨，讓人食欲大開。

臭食中，有一道臭冬瓜，寧波人頂愛吃。夏天傍晚，寧波人坐在陰涼地裡吃飯，主婦從臭滷甕中撈出幾塊臭冬瓜，頓時一股奇臭撲鼻而來，令人口舌生津。臭冬瓜的誘惑力實在不小，據說當年船王包玉剛回老家寧波投資，受到最高規格的接待，但他點名要吃小時吃過的臭冬瓜以解鄉愁，陪同人員慌了手腳，最後從一位廚師家裡的臭滷甕中撈了一碗，吃得包玉剛眉開眼笑，大叫痛快，吃了臭冬瓜，投資之事，自然水到渠成。

在泰國，我吃過榴槤，對這種長滿尖刺的巨大水果一吃而鍾情。郁達夫曾形容榴槤的味道：「有如臭乳酪與洋蔥混合的臭氣，又有類似松節油的香味。」我覺得榴槤黏性多汁，綿軟嫩滑，那獨特的口感，讓人回味無窮，我簡直吃上癮了。難怪，在榴槤盛行的泰國，有「典紗籠，買榴槤，榴槤紅，衣箱空」的諺語——那些喜歡吃榴槤的人，可以把家當吃空。

到了法國、義大利，少不得嘗嘗當地的臭奶酪。法國、義大利的餐廳裡，自助早餐臺上都有臭奶酪。法國被稱爲「奶酪之國」，法國前總統戴高樂將軍曾經說過：「叫任何人來治理擁有三百二十五種奶酪的國家，都算強人所難。」法國有一種叫洛克福奶酪，是用羊奶製成的，因發酵而帶有藍綠相間的大理石花紋，看上去就像法國人一樣，挺有藝術氣息的，這種奶酪的氣味十分強烈，臭得風流蘊藉，臭得霸氣十足，聞之，驚爲天臭，鼓起勇氣嘗一口，有令人作嘔的怪味，胃立馬翻江倒海。說句大話，世界上絕大多數臭食，我都能做到甘之如飴，唯獨在臭奶酪面前，不戰而敗。

我家那口子從不吃「臭」，每次我把臭食端上桌來，他總皺著眉頭喊一句「那麼臭啊」，眞讓人掃興。看來，近臭者也可以不臭的。又有人說吃什麼補什麼，我吃臭，不知補的是什麼？

豆瓣醬，做啥都好吃

我極嗜豆瓣醬。我認爲，中國傳統文化的精髓，除了琴棋書畫，就是豆瓣醬了。

「六月六，鄉間農家做醬忙。」農家說的「伏醬臘醋」，伏就是三伏天、三伏天大日頭，是做醬的好時候。

做醬也是一門絕活呢，它有好幾道工序——煮豆、拌粉、悶醬黃、晒醬粞、下醬粞、晒醬瓣等，要是其中一道工序出問題的話，醬就不成醬，變成爛糊了。

我二姑姐很會做醬，她是個巧手媳婦，做什麼都好吃，做的麵食，再挑剔的人，吃了都叫好。小暑時，我到婆家去，她在院子裡做醬、晒豆腐皮，我看得入神。

做醬得按部就班，先是用清水將泡了一晚的黃豆煮熟，再把麵粉與黃豆放在一起攪拌，直到拌均勻爲止，每粒黃豆裹得跟魚皮花生樣。將它們放太陽底下略晒，然後切成一塊塊的「麻將牌」，置於竹匾或竹蓆上，放進密室

裡悶。所謂的密室，當然不是武林高手用來練功的地方，而是悶醬黃的地方。悶醬黃要將門窗關緊，房間裡密不透風。這是做醬成敗的關鍵。幾天後，「麻將牌」上會長出「白醭毛」，寸把長，沒幾日，白毛又會變成綠毛，這就是醬粞。

將醬粞置入醬缸，放陽光下曝晒。三伏天裡，是晒醬好時候。晒醬時要注意天氣，不能讓雷雨淋著，醬缸上還得蒙上一層紗布，防飛蟲、蒼蠅，以免這廝下蛆。

大日頭底下曝晒後，醬缸裡的醬粞由青白變紅，最後，成了滿缸紅褐色的醬瓣了。柏楊先生就把中國文化比喻成「醬缸文化」，說：「醬是不暢通的，不像黃河之水天上來那樣澎湃。由此死水不暢，再加上蒸發，使沉澱的濃度加重加厚。我們的文化，我們的所謂前生因，就是這樣。」這樣比喻中國文化很恰當，只可惜糟蹋豆瓣醬的名聲。眞是醬何以堪？

我以爲，醬是吸收天地精華的一種東西，其味之鮮之美，令人難忘。豆瓣醬裡，放入嫩毛豆、豆腐乾、肉圓等，蒸熟後吃，是下飯的美味佳肴。我家那口子對吃很講究，凡是醃過的東西，不管是鹹菜還是火腿，他一概不吃，唯獨豆瓣醬是例外。豆瓣醬做啥都好吃，製作醬雞、醬鴨、醬肉，香氣撲鼻，味道鮮美，燒小菜做作料，味道更好，豆瓣醬蒸排骨、豆瓣醬燒茄子、醬製豆腐乾、醬燉肉，都是打你兩個耳光也不想停箸的美食。

從鹹醬裡潷出的湯汁，那是眞正的自製鮮醬油，鮮香無比。吃了這種醬油，再吃別的醬油，就有種「除卻巫山不是雲」的感覺。

老街附近，過去有幾十家的酒醬坊，最有名的就是同康官醬園，後改名同康釀造廠，生產的「雙魚」醬油和「洛泗」醬油，名噪東南沿海，選料極其考究，麵粉一定要用「綠兵船」牌，黃豆均向揚州仙女廟進貨，鹽一定要用陳年去鹵燥鹽。同康釀造廠掌櫃趙連誠之子趙燕俠，是畫家，畫風粗獷，曾與我同事。有一次酒後，他跟我大談做醬，眉飛色舞，比講畫畫帶勁多了。燕俠是有趣之人，太太十分賢惠，兩個女兒漂亮又能幹，可惜他已離世。

現在醬園店不多見了，但舊時候，每個縣城都有一兩家醬園店，生產的小方豆腐乳，細膩柔糯，味鮮微甜，很受歡迎，比一般的腐乳好吃多了。這種豆腐乳在後期發酵時加料酒、醬子粉、白糖、花椒、桂花，所以吃起來清香微甜爽口。上了年紀的人，誰沒吃過這種腐乳呢？我年少時挑食得厲害，唯嗜腐乳，腐乳中，認準的就是這種小方豆腐乳。

喜歡做醬的人，當然也喜歡醃製食品，這就跟紹興人一樣。魯迅寫家鄉逢貨必醃的習俗，寫得頗風趣：「究竟紹興遇著過多少回大饑饉，竟這樣嚇怕了居民，彷彿明天便要到世界末日似的，專喜歡儲藏乾物品。有菜，就晒乾；有魚，也晒乾；有豆，又晒乾；有筍，又晒得它不像樣；菱角是以富於水分，肉嫩而脆爲特色的，也還要將它風乾……」

看到這裡，再聯想到江南很多人家也是喜歡這樣七醃八醃、七醬八醬，不禁啞然失笑。

雞腳婆，越啃越想啃

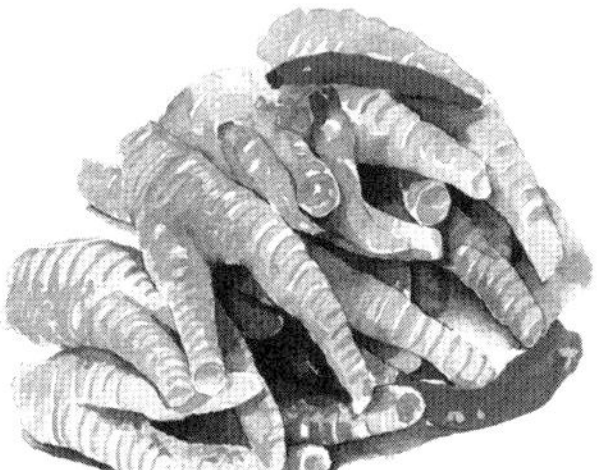

雞爪看上去不起眼，但可以做出很多美食，除了廣東的豉汁蒸鳳爪，還有客家名菜鹽焗鳳爪，味道鮮美，口感奇特。

嶺南的春天來得格外早一些，三月初，一踏上南國的土地，便覺得一股暖濕的氣息撲面而來。車過處，紅花羊蹄甲開得濃豔嬌嬈，一樹繁花，滿城繽紛。

對廣東，印象最深的是花樹，其次便是廣東人的吃。廣東人的確能吃，他們有早茶、下午茶，還有晚茶。廣東早茶的品種，竟然有一百餘種，什麼水晶蝦餃皇、蜜汁叉燒包、綠茶糯米糍、雞絲粉卷、甘露酥、香麻豆沙酥、迷你蛋塔仔……光聽名字，就讓人食指大動。

廣東一道名菜叫「龍虎鳳大鬥」。哼哼，廣州人眞會誇張，他們把蛇叫龍，把貓叫虎，管雞叫鳳。於是，雞翅膀就成了鳳翼，雞頭就成了鳳頭，如果以此類推，該把雞屁股稱作鳳尾，但是錯矣，雞屁股不叫鳳尾，叫鳳尾的是萵苣葉——清雅碧綠的萵苣葉因形似傳說中的鳳凰尾巴而美其名爲鳳尾。台州人實在，沒那麼多詩情畫意，我們這裡把雞爪稱爲雞腳婆，也有寫成雞腳爬的。儘管廣東人說話做事有點誇張，不過，廣東人的早茶中，那道豉汁蒸鳳爪，濃香酥軟，質地肥厚，發得又大又鬆軟，一吮脫骨，味道相當不俗。吹牛如果有功力打底，那就不是吹牛，而是實力了。廣東早晚茶裡還有道白玉鳳爪，白白淨淨，別有風味。我們這裡的雞爪是上不了大臺面的，但廣東的雞爪可以當小吃，可以當大菜。廣東有一道靚湯，叫花生雞腳湯，廣東人相信以形補形，雞腳是廣東民間常用的補益湯水材料。廣東的報紙在清明時還煞有介事地推薦「廣東銀」食黑豆花生雞腳煲豬脊骨，說雞腳富含骨膠原和膠原蛋白，入湯不寒不燥不油膩，有補益健脾、健筋強骨之效，還可以調攝情志。

前些年到重慶豐都鬼城，吃到過豐都三絕。三絕爲鬼城麻辣雞塊、豐都小抄手，還有就是泡椒鳳爪。這泡椒鳳爪軟硬適中，酸辣單純，滋味清爽。

吃雞爪有時能增加人的幸福指數，最近看到一則報導，題目相當八卦《潛規則：現實中還眞不是你想潛就能潛》，文中引用某經紀人的話說：「你想橫店那種荒僻地方，吃個雞爪子都覺得幸福，沒有娛樂，演員又是荷爾蒙那麼旺盛的年輕人，相互潛一潛（互相勾搭）也正常。」吃個雞爪子感到幸福的，並不只遠離家人在橫店拍戲的演員，那些愛喝個小酒的爺們、愛吃個零嘴的娘們，也是視雞爪爲美食的。上海的熟食攤點賣麻油雞、醬鴨、白肚、叉燒、牛肉、素雞等熟食滷菜，也賣雞爪。他們管雞爪叫醉爪，放水裡略煮，加紹興老酒，再放山西陳醋，清淡、爽口、開胃。夏天傍晚，住在石庫門的男人把桌椅搬到通風的弄堂口，喝一口啤酒，啃一只雞爪，上海小男人的日子不要太愜意哦！

北京街頭的熟食鋪子裡有醬雞手賣。爲什麼叫雞手，我想不明白。廣東人把豬腳叫豬手，北京人稱之爲手的卻是雞的爪，這種南北稱呼上的差異，讓我相當糾結。

江南的熟食攤也有雞爪，有紅、白兩種，前者濃油赤醬，蘊含一種灑脫直率的江湖豪氣在其中，後者豐腴又白淨，像美人肥白的玉手，賣相很好，但據說是用那什麼泡發的，說這話的人在醫院工作，表情一本正經，我從此不敢買。

我愛吃雞零狗碎的雜物，如果來一道全雞全鴨，我的筷子一定沖著雞爪鴨掌而去，別的基本不碰。如果有人質疑我的吃法，我會開玩笑說，雞頭要分給座中長官，脖子要分給副職，雞翅分給屬下，至於雞爪，則責無旁貸地夾到座中文化人的碗裡。雞爪給捏筆桿的人吃是有道理的，因爲拿筆桿的人都有一雙比雞爪好看不到哪兒去的手，青筋畢露，骨節突出，而且瘦骨嶙峋。

雞爪有脫骨與不脫骨兩種。脫骨的雞爪，有椒麻雞掌、拆骨掌翅之類，皆脆嫩可口。把雞爪脫骨，我認爲多此一舉。啃雞爪關鍵在於一個啃，費老大勁咬丁點肉，吊你胃口，激你饞勁。雞爪不讓人啃還有什麼吃頭！就像吃剝了殼的袋裝瓜子、核桃似的，省心是省心，但沒勁透頂。啃雞爪有點像談情說愛，要遮遮掩掩，要雲裡霧裡，要進一步退兩步，還要欲擒故縱，才能激進對方的鬥志，要是一開始就直奔主題，雙方事後都會興味索然的。千迴百轉的愛情，一定比手到擒來的感情更讓人珍惜，得不到手的，尤其讓人回味追思。所以古人說，妻不如妾，妾不如偷，偷不如偷不著，是有道理的。啃雞爪也是同樣的道理。《呂氏春秋》裡也說：「齊王之食雞也，必食其跖，數千而後足。」雞跖，雞爪也。就是齊王，他也是親自用嘴啃雞爪，沒叫別人代勞的呀！

粥中滋味長

我喜歡喝粥。粥是平和的、滋潤的，有閱盡世事後平淡知足的味。我尤愛喝粥上的那層「粥油」，油亮的湯皮，凝結了粥的精華。

以前住臨海時，大年初一早上，我總是依了臨海人的習俗，喝碗糯米紅棗粥。糯米紅棗粥綿軟細膩，配以青花小碗，有溫婉細膩的風味。鄰居是天台人，年初一要喝五味粥，粥裡全是五穀雜糧，用一口厚重的大碗盛了，一家人喝得稀里嘩啦，顯得相當的豪放。從兩地喝的粥裡，大致可以看出臨海人與天台人性格的差異，臨海人的心思細膩縝密，而天台人，則強悍耿直得多。

有一段時間，因累而病，百食不思，清瘦不勝衣。一位老中醫勸我喝粥，說春粥養顏，夏粥清火，秋粥滋補，冬粥暖胃。於是滿世界找粥喝，布衣侯粥道館、山水粥店、老牌肉粥店，我是常客。朋友帶我去吃建設路上的骨頭粥，那店裡的粥熬得很稠，粥裡有蝦皮、榨菜和芝麻，有時還有根肉骨頭，又香又鹹的，喝下一碗，就給撐飽了。老街附近的幾家粥店，除了賣粥，還賣蜜棗粽、小腸卷、鵪鶉蛋之類的小吃。冬天裡，生意更好。粥中淡而綿長的滋味，給了病弱的腸胃以撫慰和溫存。先喝紅棗粥、南瓜粥，胃口稍好些，喝鴨肉粥、人參烏雞粥。的確補了些氣，也補了些力，病，竟漸漸地去了。

自此，喜歡上了粥。累了，病了，或者在外久了想家，唯一能擺平我的胃的，只有一碗粥了。

我喝過各式各樣的粥，濃稠的黑米粥、鮮美的雞粥、金黃的番薯粥、綿香的骨頭粥。聽得廣東魚片粥的大名，到廣東出差，朋友請吃飯，依了我的要求，第一樣點的就是魚片粥，喝下一碗熱騰騰的魚片粥，眞有羽化登仙之感。廣東的粥，三言兩語難以道盡，凡是北方人能包進餃子裡的餡料，在廣東，基本都能煮到粥裡，除了魚片粥，廣東出名的還有皮蛋瘦肉粥、瑤柱白玉粥、滑雞粥、牛肉粥、肉片粥、骨腩粥、及第粥、豬骨粥、艇仔粥等。甚至連火鍋都以白粥打底，把各類海鮮放粥裡燙熟，叫毋米粥。我只恨在廣東的時間太短，沒能把那裡的粥一網打盡。

除了這些家常俚俗的粥，我也喝過風月無邊的粥，如荷葉粥。荷葉粥是以荷葉做鍋蓋，粥煮好後，荷葉的清香隱於粥中，連粥的顏色也變成淡淡的碧色。每年盛夏，市民廣場荷花池裡「接天蓮葉無窮碧」時，我總有掐一把荷葉回家做粥的衝動。

入粥的除了荷葉，還有鮮花，春天的桃花粥，秋天的菊花粥、桂花粥，冬天的梅花粥，都是美不勝收的。當桃花的粉紅、菊花的金黃點綴白粥中，這一碗粥，一改素樸的面容，變得活色生香起來。

我尤愛喝粥上的那層「粥油」，油亮的湯皮，凝結了粥的精華。這種粥油，以鄉間土灶

▲以荷葉做鍋蓋，粥煮好後，荷葉的清香隱於粥中。

▲撒一把梅花在碗裡。

用柴火熬出來的最爲地道。我到鄉下婆家去，最喜歡做的事，就是燒粥時守在灶邊，笨拙地添兩根木柴，聽鍋裡的粥在噗噗翻滾，然後，漸漸地平靜下來，有香味從灶間溢出。這種香，是新鮮稻米的香，來自大地，來自原野。厚薄均勻的粥裡帶著些微的柴火氣，不，那不是柴火，那是人間煙火，是我喜歡的味道。粥是一點一點熬出來的，其實，婚姻的幸福，又何嘗不是如此呢？

《紅樓夢》中多次寫到粥，有碧粳粥、紅稻米粥、江米粥、臘八粥、粳米粥、鴨子肉粥、燕窩粥等。一入秋，黛玉就犯咳嗽，寶釵勸她「每日早起拿上等燕窩一兩，冰糖五錢，用銀銚子熬出粥來，若吃慣了，比藥還強，最是滋陰補氣的」。襲人偶感風寒，吃了藥，夜間發了汗，第二天起來覺得輕省了些，她只吃些粥湯靜養。賈母講究養生之道，常喝粥。元宵節夜宴時，賈母說餓了，鳳姐忙說：「有預備的鴨子肉粥。」賈母說：「我吃些清淡的吧！」鳳姐忙說：「也有棗兒熬的粳米粥，預備太太們吃齋的。」

粥裡還藏著細密的情思。《浮生六記》中，沈三白寫他年少時初見陳芸的情景，那夜，芸娘給他吃自製的醃菜暖粥，喝得暖暖的時候，芸娘的堂兄擠身而入，戲謔道：「我要吃粥你不給，原來是專門給你夫婿準備的！」

原來，這淡淡的粥裡，還隱含著兩情相悅的歡喜。

隨園老人袁枚也是愛粥的。他曾被一位闊佬請去，「上菜三撤席，點心十六道」，主人張羅出四十餘種山珍海鮮款待客人，自覺待客大方，可袁枚席散歸家，「仍煮粥充饑」——還是粥最入味。要熬出一鍋脂稠玉濃的粥，並非易事，袁枚在《隨園食單》中自擬煮粥的標準：「見水不見米，非粥也；見米不見水，非粥也。必使米水融合，柔膩如一，而後謂之粥。」

是啊，不疾不徐的文火，才能熬出綿稠濃軟的粥。像三毛說的，那個「熬」字裡面四把心火，小火爐煉丹似的，不到五更丹不成。急火沸騰，是熬不出好粥的，因爲它少了時間的持久煎熬。就好像驚天動地的愛情，終究不如細水長流的幸福來得天長地久。

▲麗水縉云河陽古民居。

泡的就是菜

自從有了泡菜後，「泡」字似乎就成了好字眼，以此類推，所「泡」的事物自然都成了好東西。

隨便舉一例，杭州人愛吃的泡飯，原本只是平常人家不入流的早餐，把隔夜冷飯用開水沖沖，夾點剩菜過過，以此來填補哄騙空虛的胃囊。如今，菜泡飯也成了好東西，成了星級酒店的主食。菜泡飯尚且如此，至於泡茶、泡吧、泡澡之類，更不必細說，反正都是人生的享受。我們這裡還有一道小吃，叫泡蝦，放油鍋裡炸得金黃鮮脆，吃了還想吃。

泡菜，在視覺上，就有種賞心悅目的美，光看紅白分明、清清爽爽的模樣，就已經讓人垂涎三尺了，夾起一筷，入口辛辣，鮮嫩清脆，醇厚悠長，清爽怡人，回味無窮。一言以蔽之：爽。要是你長久沒得到泡菜的滋潤，讀到此，也許會條件反射般地讓口水飛流三千尺。

幾乎每個地方都有獨特的泡菜，四川泡

菜、武漢泡菜、河南泡菜等，一泡遍天下。國人愛泡菜，老外也愛泡菜。韓國泡菜、俄羅斯酸黃瓜、日本美味辣白菜，也是赫赫有名的。現在，言及泡菜，必提韓國，不可否認，韓國的泡菜跟他們的人造美女一樣，讓中國男人流口水。泡菜事小，但事關民族自尊心，經過愛國人士考證，中國的泡菜淵源最早可追溯至春秋戰國時代，這多多少少讓我們在品嘗韓國泡菜的同時，內心得到平衡。就像當初，喇叭褲橫掃全國時，國人恰到好處地考證出，西方的喇叭褲起源於敦煌的飛天，讓我們爲無所不能的老祖宗驕傲著。

泡菜與泡飯，雖然一筆寫不出兩個泡字，但泡菜的泡是一種浸潤和滲透，你中有我，我中有你。這種泡法，浸潤和滲透到位，就像結婚多年的恩愛夫妻，原本是獨立的個體，有著各不相同的思想和容貌，然而經過歲月的打磨，不但口味、愛好日趨統一，連相貌都成了夫妻相。而不到位的泡法，像同床異夢、貌合神離的夫婦，無論時間長短，最終還是橋歸橋，路歸路，各走各的道。

泡菜必定經過備料、醃製、封罈到開罈幾道關口。做泡菜，要有一口泡菜罈子，最好是用陶土燒成，口小肚大，密封且能排氣；水以井水、泉水等硬水爲宜；鹽多取井鹽、岩鹽；至於香料，有八角、花椒、胡椒等，可分別裝入紗布袋酌用；佐料多選白酒、料酒、醪糟汁、紅糖、蒜苗稈、乾紅辣椒等。菜要裝滿，盡量少留空隙，以液面靠近罈口，鹽水淹沒蔬菜爲宜。在罈口周圍水槽中注入涼水，扣上扣碗，放入陰涼處，泡製入味即成。不脆可以加點酒；太酸可以加些鹽。做泡菜，最怕發霉變味，發霉多半是罈中熱氣太高，或取用工具不潔所引起，此時應將黴點去掉，加入食鹽和少量白酒，移放陰涼處，每天敞口十分鐘左右，過幾天霉味自然消失。

有了一間房子，可以裝得下愛情和孩子，有了泡菜罈子，什麼菜都可以拿來泡一泡，隨泡隨吃，人生是多麼愜意。我泡過的菜有白菜、萵筍、菜蒂頭、大蒜、黃瓜、青豆、蘿蔔、豆莢、春筍等，蔬菜中質地硬朗的根、莖、葉、果是醃製新鮮泡菜的上好材料。我尤喜泡蘿蔔、菜蒂頭和白菜，又酸又爽脆，開胃又下飯。

不只蔬菜可泡，我還吃過泡雞爪，別有風味，極爲清爽，無絲毫油膩。萬想不到，油膩的雞爪也可泡得那麼清口。除此之外，將什麼魚呀，肉呀，蟹呀，豆製品之類，往泡菜罈裡一塞，博采眾長、融會貫通後，又何嘗不會搖身一變，成爲一道獨具風味的佳肴呢？

平常的蔬菜經此一泡，口味立馬就脫胎換骨。像一個青澀的少女，本來是一眼能看到底子的單薄，經歲月的浸染，變成一個有風韻、有內涵的少婦。

「正果修成，臻於上乘」的泡菜，或鹹辣，或鮮香，或嫩脆，色澤可人，開胃解膩，功不可沒。這鮮嫩無比、微辣爽口的泡菜可以使多少老饕崩潰，又能將多少老饕放倒，只要到餐桌上，看老饕們夾泡菜時所向披靡的樣子就知道了。

泡菜圖的是爽脆，浙江的桐鄉榨菜，紹興的玫瑰腐乳，杭州的雪里蕻，北京的六必居醬菜，都是很有名的，但這些是鹽漬的東西，下飯雖好，但鹹味有餘，爽脆不足，比不得泡菜的清新爽脆。

說白了，泡菜好吃與否，就在於兩個字——爽和脆，而關鍵則在於浸漬是否恰到好處。別以爲把什麼菜往泡菜罈子裡一扔，蓋子一合，就可以成爲清脆爽口的泡菜，要是不到位的話，這些東西裡，有的是發了霉、長了白斑黑點的，有的是一缸臭水，好像凡人經過苦難的洗禮，並不都能修成正果，有的會變得慈悲寬厚，有的卻尖酸刻薄。

我小的時候，左鄰右舍，幾乎家家戶戶都有一個泡菜甕，多的有好幾個，泡菜是很多人家飯桌上的主要菜蔬，尤其是夏天的傍晚，在潑了水仍能見到白氣的院子裡，家家戶戶都搬出小飯桌，在院子裡吃著泡菜，吮著螺螄，喝著小酒，興致好時，男人們赤膊上陣，猜拳鬥酒，插科打諢。如今，林立的高樓，隔斷了彼此間的聯繫，電器化的廚房裡，又如何擺得下泡菜甕，又有誰家的小媳婦，會沉下心來，用好水好鹽好料好菜好罈，做一罈子酸辣味十足，勾人魂魄的泡菜呢？

▲剛從地裡拔出來的蘿蔔纓，水靈靈的。

小菜一碟

▲筍乾冬瓜湯。

我的女友人人都會幾樣拿手好菜，人來客往時免不了紮著圍裙露上一手。雖說是小菜一碟，但盛之以精緻的碟子，胡桃木的餐桌上鋪著細格花布，花瓶裡插著一兩枝時令鮮花，高腳杯裡漾著琥珀色的葡萄美酒，比起飯店裡披紅掛綠、流金溢彩、雕龍刻鳳的菜肴，缺乏貴族氣，但有種溫馨的小家碧玉的情調。

陶潛詩云「漉我新熟酒，只雞招近局」，
三兩好友，兩三小菜，隨意小酌，就極盡歡娛。
滿漢全席、鮑參魚翅固然好，
但少了份友情、親情，怕也吃不出什麼味。

阿玉的拿手好菜是涼拌馬蘭頭，她的馬蘭頭是自己從野地裡摘來的。「馬蘭頭，馬蘭頭，姐姐嫁在後門頭。」春寒未盡時，柳樹爆出鵝黃的嫩芽，野外的馬蘭頭就已肥嫩，拿個竹籃，將水靈靈的馬蘭頭一株株地掐回，回家細細撿淨雜物，用開水焯一下，切成細丁，將上好的五香豆腐乾切丁，再加少許精鹽，味精不妨加些許，攪拌後淋上麻油，微苦而爽口，有涼血、去毒、下火之功效。碧綠的馬蘭頭放在白底鑲金邊的碟子裡，賞心悅目。

阿珍擅長燒湯。她的父母都是上海人。上海人的精細和會過日子是有名的，尤其是上海女人，極會持家，不管有錢無錢，總將自己和家人拾掇得乾乾淨淨，住在幾室一廳的不用說了，哪怕住在小閣樓，一樣將地板擦得纖塵不染，就是一塊抹布也洗得乾乾淨淨，絕不油膩。眞是讓人佩服得緊。就說這道簡簡單單的筍乾開洋冬瓜湯，誰不會燒？就是沒阿珍燒得好吃，眞是怪事。逢雙休日，丈夫孩子出門玩，阿珍在家專心致志地燒菜。她是慢性子，剛好慢工出細活。阿珍家裡七大鍋八大碗，她是看菜下鍋，燒湯一定用砂鍋，絕不會用別的什麼鍋。鍋裡的湯噗噗地滾著，下面是一圈藍火靜靜地燃燒，開胃的鮮香之氣隨熱氣漾了出來。這樣一道湯，須燒上一兩個小時，燒成後，青玉色的筍乾和冬瓜，紅色的開洋和火腿片，色香味一樣不缺，尤其是冬瓜，吸收了筍乾、開洋、火腿之精華，入口即化，讓人鮮掉大牙。燒這道菜的人最好是慢性子，我等急性之人賠不起時間和耐心，總用急火猛攻，快是快，味道差遠了，而且中途不知要開幾次鍋。看來急性子的人燒菜只宜爆炒、油炸，燉湯什麼的就不宜了。

蘇美人很會燒蟹。秋風起，蟹腳癢，持螯賞菊，把酒臨風，在秋天裡是至高的享受。秋天拎回一串青背白肚、金爪黃毛的無腸公子，用軟毛刷子刷淨臟物，加半勺冷水，將蟹一只只捉進鍋中，撮鹽少許，拍薑一塊，將煤氣擰至微火，水慢慢變熱，待這鐵甲長戈之物伏在鍋中不再張牙舞爪時，再將火擰大，燒至湖蟹著紅袍時即起鍋。

燒湖蟹有兩個訣竅，一是不宜用熱水猛火，否則會造成螃蟹體內蛋白質流失；二是火候要把握好，否則蟹肉易老。有人喜食九分熟的湖蟹，肉質極細嫩，鮮味無以比擬。

吃蟹時各有吃法，有人喜清淡地吃，紅膏白肉，據說這樣才能吃出蟹的本味；有人喜以一碟醋為調料；我也看到有人吃蟹時叫服務員拿來一碟濃黑的醬油，吃一口蘸一下，蘸一下吃一口，如此吃法，簡直讓人看不下去。海邊的人吃蟹吃得利利落落，肉盡殼空。山裡人吃蟹不知從何下嘴，嫌剝殼麻煩，又嫌肉少腳多，吃一只蟹，有三分之一肉殘留在蟹殼裡，眞不爽利。

還有什麼比秋天的湖蟹更好吃的呢？我想來想去想不出。有一次赴蘇美人的湖蟹家宴，一進門便見餐桌上放了一大盤通紅的湖蟹，花瓶裡插了一把菊花，還有一只年代久遠的銀質酒壺，裡面是燙熱了的紹興女兒紅，眞是菊黃蟹肥酒熱。那天三兩好友偷得浮生半夜閒，喝至微醺，踏著月色高一腳低一腳地放歌而回，眞是人生美事。至此，我再也沒吃過比那晚更好吃的蟹了。有人說這話說得過火，也許吧，不過這有什麼要緊呢？

道法自然的
本质就是农
耕田园生活

Chapter 4 味蕾上的鄉愁

故鄉的小吃，種類雜、花樣多，葷的素的、甜的鹹的、乾的稀的、涼的熱的，愛吃什麼有什麼，想吃什麼有什麼：嵌糕、蛋清羊尾、蘿蔔絲餅、馬蹄酥、敲梆餛飩、漾糕、酒盞糕、羊腳蹄、豆腐圓、蜜汁番薯、灰青糕、苔菜餅、水晶蛋糕、肉灌蛋麥餅、米陽糕、狀元糕、糖卷麻糍、松花餅、光餅、魚皮餛飩、泡蝦、蛋餅、薑湯麵、骨頭粥、薑汁核桃燉蛋、蝌灰蛋……夠你吃一個月不重複。

小吃，體現著一個地方的市井氣息，
也映照著一地的格調與生活品味，
所以每到一地，我總要找尋當地的特色小吃。

故鄉風味

我是個不願受拘束的人，
小吃的隨意性很對我的口味。
這裡的口味，不僅指的是味蕾上的感受，
而且指人的嗜好、趣味。

小吃裡，有生活中快樂的味道。張愛玲在她的文章裡寫道：「無論如何，聽見門口賣臭豆腐乾的過來了，便抓起一只碗來，噔噔奔下六層樓梯，跟蹤前往。在遠遠的一條街上訪到了臭豆腐乾擔子的下落，買到了之後，再乘電梯上來。」張小姐是小資教母，卻會因爲幾塊豆腐乾大費周折，因爲小小的豆腐乾裡，沉澱著日常生活的趣味。

人到了一定的年齡，就喜歡回憶，回憶中，一定少不了故鄉和美食。年少時，滿眼都是鮮活的人生，夢想在遠方不停地向你招手，巴不得離家越遠越好，那些個故里食物，稀鬆平常，懶得多提。可是，不管你走多遠，食物是打小留在味蕾上、脣齒間最頑固的記憶，你對故鄉最深切的懷念，有時無非是童年的一些細節、故鄉的一些美味。人生總是這樣，某一階段，你最在意的，到了另一時節，變得毫無意義，當年不以爲然的東西，反倒在你心頭頑強地占據一席之地，譬如這些江南的小吃。對遊子來說，小吃是童年的記憶和思鄉的衝動。美味的小吃，是思鄉的蠱惑，也是味蕾上的鄉愁。思鄉者的記憶中，故鄉的一粒痲子都可以是朱砂痣，那些小吃，更是「從來不需要想起，永遠也不會忘記」。

故鄉的小吃，種類雜、花樣多，葷的素的、甜的鹹的、乾的稀的、涼的熱的，你愛吃什麼有什麼：想吃什麼有什麼，溫嶺的嵌糕、豆麵碎、硬糕、糖龜；臨海的蛋清羊尾、蘿蔔絲餅、酒釀圓子、馬蹄酥、豆腐乾煮鑊、敲梆餛飩、漾糕、酒盞糕、紅糖饅頭、羊腳蹄、豆腐圓；仙居的大臉豆腐、鹹酸粥、蜜汁番薯、菜乾餅；黃岩的灰青糕、苔菜餅；天台的水晶蛋糕、肉灌蛋麥餅、扁食、豌豆粥、糊拉汰；三門的麥糊頭、米陽糕、狀元糕、糖卷麻糍、松花餅；玉環的薑蔥鯧魚索麵、光餅、番薯粉圓、魚皮餛飩、海鮮粽；椒江的泡蝦、蛋餅、薑湯麵、骨頭粥、薑汁核桃燉蛋；路橋的螄灰蛋、梅干菜泡飯、包糕、炊圓……夠你吃一個月不重複。有人說我，走到哪裡吃到哪裡。我覺得這樣的評價很到位，可以這麼說吧——一個熱愛小吃的女人，通常是個熱愛生活的女人；一個熱愛小吃的女人，一定是幸福指數很高的女人。

地方的小吃，像是市井文化，體現了一個地方的風土人

▲江南豆沙包子做得那麼拙樸可愛。

情。所以每到一地，我總要找尋當地的特色小吃。大酒店千篇一律的菜肴，精緻是精緻，像端著架子冷著臉的盛裝美人，千人一面，哪裡有小吃的生動可人呢？小吃就像鄰家妹子，樸實中有靈動。每一次，吃過當地的風味小吃，我對一個地方的風土人情就有更深切的感受。「人傑地靈」四個字，完全可以通過風味小吃來檢驗。一個地方的小吃，如果粗糙難吃，大抵是窮山惡水之地，人也不太傑，地也不太靈，一個地方精緻美味的小吃多，才受得起「人傑地靈」這四字。小吃，體現著一個地方的市井氣息，也映照著一地的格調、品味、生活質量和生活水平。

小吃雖小，卻飽含著無窮的回憶。一個人，當他走過千山萬水，回望家鄉，家鄉的美食就是一種很好的記憶媒介。你以為自己沒有鄉愁，其實鄉愁藏在你的內心深處，只要被某一句方言、某一道菜觸動，這鄉愁立馬就湧出來了，所謂食髓知味，大抵也是如此吧。魯迅說：「我有一時，曾經屢次憶起兒時在故鄉所吃的蔬果：菱角、羅漢豆、茭白、香瓜。凡這些，都是極其鮮美可口的；都曾是使我思鄉的蠱惑。後來，我在久別之後嘗到了，也不過如此；惟獨在記憶上，還有舊來的意味存留。他們也許要哄騙我一生，使我時時反顧。」故鄉的食物留給我們的，遠遠不只味蕾上留下的酸甜苦辣鹹，它是記憶，是親情，是鄉愁，它牽動的，都是難忘的人和事。一個遊子回到故鄉，他吃到熟悉的小吃，聽到熟悉的鄉音，聞到熟悉的香味，記憶裡的舊日時光就會撲面而來……

故里小吃

居廟堂之高，處江湖之遠，落箸思故鄉，而故鄉就在這些小吃中。

◎糟羹

第一次在臨海吃糟羹，非常不習慣。這麼糊搭搭、亂糟糟的東西，臨海人竟然拿得出手？後來，吃慣了，一點一點覺出糟羹的好來。

台州人過元宵，是在正月十四夜，一到十四夜，全城一片「攪羹」聲——「正月十四是元宵，家家糟羹蛤蠣調」。在臨海工作時，每到是夜，臨海的朋友，總拉上我去他們家吃糟羹。

說起臨海人攪羹倒頗有意思，七七八八一大堆原料，堆在案頭。主婦將芥菜葉剁碎，把冬筍、豬肉、火腿肉、胡蘿蔔、花生米、豆腐乾、蠶豆、豆麵、荸薺、香菇、香腸、蝦仁、鰻鯗、墨魚乾、蟶子、牡蠣肉等等，統統切成丁，入鍋翻炒，加水，倒入米粉糊（或番薯粉、菱粉、葛粉、藕粉），然後攪拌攪拌，當羹變得黏黏糊糊，加入鹽、味精，就可出鍋。

糟羹的餡料裡，有冬筍的清香，荸薺的爽脆，蟶乾的鮮香，等等等等，眞是百味雜陳。這種味道，好像人到暮年，回憶起的少年情事。

台州風俗裡，正月十四夜吃鹹糟羹，十五夜吃甜糟羹。甜糟羹就是在年糕丁或小糯米圓子裡，加入川豆瓣、蜜棗、葡萄乾、蓮子、桂圓肉、板栗丁、金橘餅、枸杞等。台州人的《元宵竹枝詞》中就寫道：「一樣糟羹抑不同，鹹甜兩味看鄉風。紅絲紅棗澆頭滿，難道糟羹也掙紅。」

國人有「不時不食」的習俗，什麼節俗吃什麼，都有講究，作家車前子比喻道，八月十五吃月餅，就是首格律嚴謹的格律詩，若是每月十五都吃月餅，那就成了順口溜了。糟羹原先是台州正月十四的格律詩，現在只要想吃，天天都可以吃，所以，經過歲月的流轉，糟羹也變成順口溜了。

◎魚皮餛飩

玉環的美食，如果用一個字概括，就是「鮮」。哪怕是小吃，也是其鮮無比。

玉環美食中，有五大名小吃：蝦餃、龍頭魚餅、敲魚麵、魚皮餛飩、魚丸。餛飩，全國各地都有，什麼沙縣的大肉餛飩、杭州的小餛飩，但論及鮮度，絕對比不上玉環的魚皮餛飩。我可以負責任地說，玉環的

▲魚皮餛飩鮮美無比。

魚皮餛飩，是天下第一鮮。

玉環魚皮餛飩的皮兒，就不同凡響，可謂系出名門。蘇州也有魚皮餛飩，以鱖魚肉爲皮。玉環的魚皮餛飩，則是把海鰻去刺後，剔出鰻肉，再加上番薯粉，用木棍在石板上反覆捶打，敲成厚薄均勻的圓形皮子。據玉環人說，他們用的這木棍，也有相當的「人文底蘊」，是戚繼光當年在海上抗倭時，沿海居民用來傳遞情報的。

玉環魚皮餛飩的皮來歷不凡，裡面的餡，也不一般，是用活蹦亂跳的鮮蝦攪成的。海鰻本來就是海中至鮮之物，再以鮮蝦仁爲餡，兩種鮮物相加，豈有不鮮之理？

魚皮餛飩賣相也好，玲瓏精緻，色澤如玉，像清雅的花朵盛開在清湯中。口感更不必說，爽滑細膩，鮮美無比。吃了魚皮餛飩，湯不能不喝，這麼鮮美的湯，滋補又養人，哪裡喝得到呀？

台州各地，除了玉環的魚皮餛飩，溫嶺石塘還有種酸辣敲魚餛飩，入口微甜略辣，質感爽滑，比起玉環的魚皮餛飩，另有一種風味。

豬八戒被孫悟空告知白骨精是妖怪時，他不信，反問道：「天下還有這樣好看的妖怪？」很多外地人吃到玉環的魚皮餛飩，也會來上一句：「天下還有這般鮮美的餛飩？」

◎泡蝦

十多年前，我隨單位搬遷到椒江，初來乍到，椒江的朋友先帶我領略椒江的風土人情，所謂領略當地的風土人情，就是帶我轉各種小巷子，吃小巷子裡的各種小吃。那一次，我記住了泡蝦的英名。

那時吃到的泡蝦，是名副其實的。在麵粉裡裹上海蝦，放油裡炸，撈出來後金黃油亮，鬆脆噴香，故稱之爲泡蝦。這些年我吃到的泡蝦，似乎經過了改良，裡面的餡不再是蝦，而是肉末、蔥花。泡蝦放入油鍋，上下浮沉，嗤嗤冒泡，吃貨們在邊上老早聞到泡蝦的鮮香，不待泡蝦出鍋，就已經從氣味上感受到這種小吃的美味。

咬一口熱乎乎的泡蝦，金色的麵皮、鮮紅的豬肉、碧綠的蔥花，色香味樣樣都有。在寒冷的冬天，吃上一只，渾身暖洋洋。

不知爲何，城裡人把這種小吃稱爲「泡蝦」，而鄉人則稱之爲「油鼓」。油鼓的叫法，相當形象，因爲泡蝦剛出油鍋時，油亮亮、金燦燦、圓鼓鼓，故稱之爲「油鼓」。

曾經，椒江陵園路有家泡蝦攤十分出名，我到陵園路，一般有兩樣事，一是去那裡的千禧書店購買打折的書，二是去那裡吃泡蝦。買書不用排隊，但吃泡蝦經常要排隊，我是個怕排隊的人，但爲了吃到美味的泡蝦，排隊就排隊吧！

◎綠豆麵碎

我想念溫嶺的豆麵碎。豆麵碎哪裡吃不到呢？可我就覺得，溫嶺的豆麵碎，頂好吃。

台州人吃的綠豆麵，不是綠豆磨成的，多半是番薯粉加工成的，我這個從小生活在杭州的女人，到台州很多年後，才搞明白這一點。但始終不解，台州人爲何不把綠豆麵稱爲番薯麵，而是叫成綠豆麵？或許因爲豆麵的顏色是綠色的吧。

台州人的早點裡，豆麵碎是很常見的。將綠豆麵浸泡在水中，發漲後，放入骨頭湯或者肉湯中細熬慢煮，豆麵碎在湯中沸騰翻滾，加入炊皮、榨菜、油炸過的小肉丸子等，就可撈出裝碗。我吃過最好吃的豆麵碎，是在溫嶺吃到的。溫嶺的綠豆麵碎裡，麵與配料配合得天衣無縫，麵湯不是清湯寡水，而是混合著豆麵的醇、炊皮的鮮、肉丸子的香和榨菜的微辣，碎碎的豆麵，吸飽了湯水的精華，醇厚鮮美，潤滑可口。

除了溫嶺的豆麵碎，我在三門吃過牛肉豆麵碎，熱氣騰騰的豆麵上，是細細的一層牛肉碎和碧綠可人的青蔥段，麵與湯，同樣鮮美可口。

豆麵碎要好吃，最要緊的一點是，豆麵絕對不能鬆軟無力，豆麵如果泡漲過頭，鬆鬆軟軟，像縱欲過度的男人的臉，虛泡泡的，顏色發白。這種綠豆麵賣相不好，吃進嘴軟不拉嘰，糊糟糟的，一點也沒吃頭。好的豆麵碎，青綠有力，滑溜又醇厚，任你泡多久，不改英雄本色。

溫嶺還有一種乾炒豆麵，亦是一絕，尤以箬山的炒豆麵最爲出名。箬山的炒豆麵，有蝦乾（或蝦米）、鰻乾、魚麵、香菇、肉絲、白菜等配料，大溪亦有黃鱔炒豆麵，是加了鱔段炒成的，味美無比，比杭州百年老店奎元館的什麼什麼麵好吃多了。

◎薑汁核桃燉蛋

有人說，沒有喝過豆汁的，不算到過北京；我說，沒有吃過薑汁的，不算到過台州。

台州人把薑的功能發揮到了極致，除了薑湯麵、薑汁豬肚，還有薑汁核桃燉蛋。

薑汁核桃燉蛋是台州的特色小吃，最喜歡吃薑汁核桃燉蛋的，首推椒江人。椒江人講究吃補，對什麼節吃什麼小吃，都有一番講究。一到農曆六月六，椒江人都愛吃上一碗薑汁燉蛋，江城路上那家口碑最好的小吃店，人多得從店裡排到店外。

我在家也做過薑汁核桃燉蛋。將雞蛋打散，倒入薑汁、黃酒、紅糖、搗碎的核桃仁，加水攪拌均勻，放入鍋中隔水蒸，或者上蒸籠，蒸到快成蛋糊時，撒上桂花。如果要香味出透，最好是乾蒸，將碗置入空鍋，碗下墊數塊小瓦片，不放水乾蒸，這樣炮製出來的核桃燉蛋，濃稠鮮香，薑香濃郁，甜而帶點辛辣。

揭開鍋蓋時，有時蛋面會高高地膨起，然後慢慢地慢慢地鬆塌下去。吃一口，又嫩又滑。

除了薑汁核桃燉蛋，還有種薑汁肉糜，是五花肉剁成肉糜和著薑汁、黃酒、紅糖燉成的，味道甜中帶鹹、帶點辛辣。

薑汁核桃燉蛋或者薑汁肉糜，有驅寒暖胃、美容養顏之功效，要是連著吃上一個冬天，來年春天，肯定小臉白裡透著粉紅。難怪在以前，只有坐月子的婦女或者身體虛弱的人才可以吃到。現在，街頭小店隨處有賣薑汁核桃燉蛋和薑汁肉糜。在大雪紛飛的冬夜，來上一碗薑汁燉蛋或者薑汁肉糜，一股暖意倏地從胃間升起，那種感覺，眞是酣暢淋漓，如果用兩個字形容，那就是：痛快！再加上兩個字，那就是：非常痛快！

▲薑汁核桃燉蛋是台州特色小吃。

日子是可以賣的

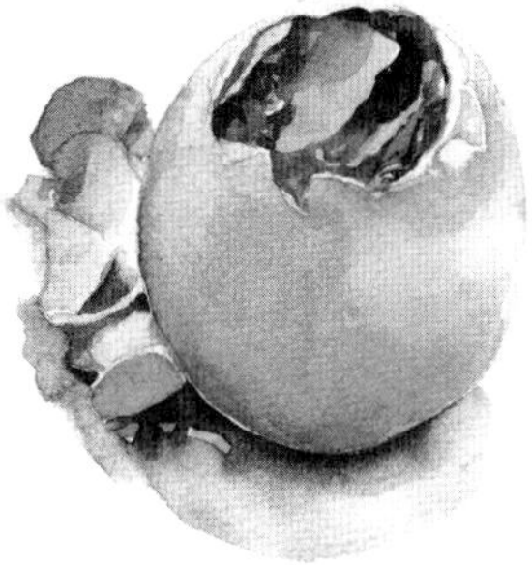

台州人的日子是可以拿來賣的。你若不信，到臨海街頭聽聽，有人在叫賣：「賣『十四日』啊！『十四日』……」

外地人覺得台州人挺玄乎，日子都可以拿來賣，而且一賣就是十四天。

其實，這「十四日」，是台州的一種小吃，就是孵了十四天未出殼的雞蛋。雞蛋孵到二十一天，小雞就要出殼，臨海人認爲，雞蛋孵化到十四天，由蛋轉變成爲胚胎的時候，營養最好，味道最鮮，最是補人，故在十四天左右，人爲地中止了它的孵化，而當作小吃來叫賣。這個「十四日」，在別地也叫「鳳凰蛋」、「旺雞蛋」或者「喜蛋」。

「鳳凰蛋」一般分爲三種：全蛋、小雞胚胎，抑或是半雞半蛋。有人喜歡吃小雞胚胎，這種「鳳凰蛋」的蛋殼會冒出一汪子水，不會吃的人，將水倒空；會吃的，趕緊將蛋中的汁水一飲而盡，蛋中的小雞胚胎只有拇指大小，細嫩無比，蛋黃嫩得如豆腐，放到嘴裡就化了。有人喜歡吃半雞半蛋的「鳳凰蛋」，也就是「十四日」，蛋白和蛋黃硬硬的，分不開，有咬勁。我呢，兩樣都愛吃。以前的「鳳凰蛋」，是孵雛雞產生的「殘次品」，現在是故意不讓小雞出殼，把種蛋孵到十四天，小雞尚未成形就拿來食用。

臨海的街頭巷尾、犄角旮旯，時常可以見到賣「十四日」的。這些個雞蛋放在臉盆大小的鍋裡，架在煤餅爐子上用文火煮，鍋裡漂浮著一只只熱氣騰騰的雞蛋，它的香氣，在古城裡飄得老遠。嗜吃「十四日」的人，聞到這特有的香味，老遠就會圍上來。很奇怪，那些臨海美女很喜歡吃「十四日」，她們平素挺注意自己形象的，此時卻圍在爐子邊，當街吃得啉溜有聲。

南京的夫子廟也有賣「十四日」的，不過，南京人管這叫「活珠子」。我覺得南京的夫子廟眞好，小吃眞是多呀，什麼鴨油酥燒餅、什錦菜包、開洋乾絲、蟹殼黃燒餅、豆腐澇、蔥油餅、五香蛋、五香豆、鴨血湯、鴨腸子……數都數不過來。南京雖是六朝古都，金粉之地，不過，因爲有我最喜歡吃的「活珠子」和鴨腸子，總覺得南京的味道是那麼的家常，那麼的親切。

離開臨海好多年了，今年，幾次去臨海，都沒有碰到賣「十四日」的。我很懷念臨海的「十四日」，也懷念那悠長的叫賣聲——「賣『十四日』啊！『十四日』……」它讓我想起以往在臨海度過的美好歲月。

蛋清羊尾，登上菜譜的小吃

能夠登上「中國菜譜」的小吃不多，蛋清羊尾就是其中一種。

外地朋友來我們這兒，要我推薦當地最出名的小吃，我腦海裡馬上蹦出一個蛋清羊尾來。

詩人舒婷吃了蛋清羊尾後，讚不絕口，還形之於文，她在《大美臨海》中寫道：「炎炎盛夏我已經站在臨海市的紫陽古街，極不雅觀地手捧剛起鍋的『蛋清羊尾』，熱騰騰軟酥酥香噴噴，脣齒來不及盤點個中真諦，嗓子眼已經徹底沒收了。深知午餐還有許多美味佳肴列隊伺候，往嘴上貼了封條。否則就想守著油鍋不走，吹著氣卷著舌，吃個淋漓痛快。這道『蛋清羊尾』，內餡是豆沙，以蛋清攪拌麥粉爲皮，再裹以網油下鍋，保持羊尾的蓬鬆形狀。其工藝複雜考究，已具有一千四百多年歷史。我雖貓在一旁揣摩半天，仍不得要領。」

蛋清羊尾雖是名點，其實不需要太多的原

料，不像做佛跳牆之類，光是用料就要準備幾天，也不像《紅樓夢》裡的茄子，配料比主料更昂貴得多，讓人有主次不分的感覺。

蛋清羊尾的配製，需要用的原料只有菜油、雞蛋清（即蛋白）、豬油、豆沙和少許番薯粉。簡單的配料，能製作出絕頂好吃的東西，這才是眞功夫，這就像大音稀聲一樣。

做蛋清羊尾，不僅比拚手勁，還要有定力、耐力，外加決心、恆心。這麼說來，好像在學一門深奧的武功。不是我故弄玄虛，做蛋清羊尾的確要點眞功夫，有點武術功底的最好，頭腦簡單四肢發達的那種也行，像我等頭腦不發達四肢也不發達的就不行，因爲做這道小吃需要手勁。

先將豆沙加白糖做成豆沙泥，捏成比乒乓球略小的丸子，外面用豬油包裹好。將雞蛋磕碎，蛋黃去淨，只取蛋白，加入麥粉，用筷子不斷地上下攪打，不會一點眞刀眞槍的，想把蛋清打得能使一根筷子插在其中而不倒下，幾乎不可能，我試了幾次，都未能成功，每次筷子插上去，都像醉鬼一樣東倒西歪。

將包裹了豬油的豆沙丸子放進攪打好了的蛋清裡，豆沙丸子上就會掛上一層蛋清泡沫。然後，將丸子放進沸菜油裡炸，炸兩次即成。

什麼東西都經不起烈火焚身的考驗，任何麵食一進油鍋，味道就更好，像油條，兩團軟不拉嘰的不起眼的麵條子，比筷子粗不了多少，一放進油裡，然後再出來，變成蓬鬆的虛胖的油條，浮誇得讓人叫好。王朔就說過，就是把硬土塊放在油裡炸，也保準香脆，何況是蘸了蛋清泡沫的豆沙丸子！

此時的豆沙丸子不下油鍋，又有誰下油鍋呢？豆沙丸子一下油鍋，五內俱焚，在煎熬中，像變身般地，它變得豐腴起來。一萬年太久，只需幾秒。待到三分嫩黃，就要趕緊將練就金剛不壞之身的蛋清羊尾撩上盤子。

然後，在它色澤金黃的身上如降甘霖般地撒上一些白糖，就可以吃了。一嘗，外脆裡嫩，油而不膩，香甜可口。這玩意兒要趁熱吃，涼了就軟塌塌的，口感差遠了，敢情它也是「好花堪折直須折，莫待無花空折技」的呀！

物以稀爲貴，北京的白菜運到浙江，是謂「膠菜」，福建的蘆薈進了京，美其名曰「龍舌蘭」，這是魯迅先生說的。這蛋清羊尾在別的什麼地方，豈是市井小巷可見，平常百姓可嘗？可在臨海，蛋清羊尾還是平民化的食物，二十年前我剛到臨海，還是個高中生，第一次在臨海新華書店的門口吃到這玩意兒，一口氣吃了四五個，有「此物不應人間有」的感覺。說實話，我對臨海的熱愛，始於一只蛋清羊尾。

▲色澤金黃的蛋清羊尾。

端午食事

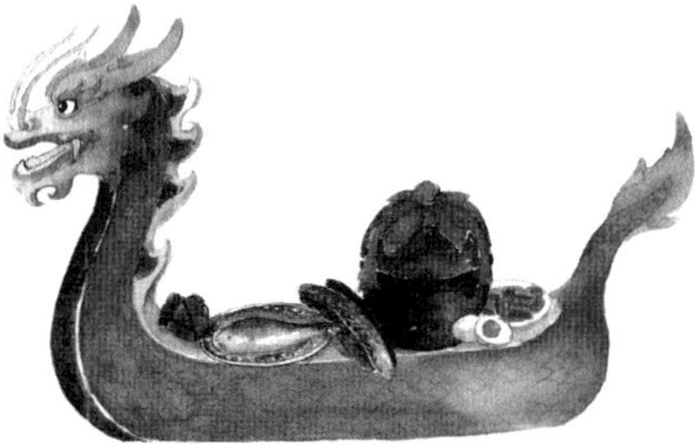

端午到了，又可以名正言順地吃了。有人說得極是，中國人過節，就是吃字當頭。春節，吃！清明，吃！立夏，吃！端午，吃！

胡蘭成寫端午：「轉瞬舊曆端午。上午日頭花照進我房裡，只覺是濕濕的，庭中輕煙疏淡，節氣就有這樣的正。」胡做人沒有節氣，我一向不喜，但文字清淡，頗有可取之處。止庵說他的文字，「輕浮如雲而又深切入骨」，評得眞是到位。

端午節在我家最爲看重，因爲一家之主的生日就在端午。每年端午的早上，總是睡不安生。想著要貼五毒圖，要掛菖蒲劍，還要買「五黃」。

過端午，飯桌上有幾樣東西是少不了的，小時候生活在杭州，過的是杭州式的端午節。杭州人過端午除了吃粽子，必定要吃「五黃」，這「五黃」是黃魚、黃鱔、鹹鴨蛋、黃瓜、雄黃酒，少一樣都不成。如果少一樣，外婆會覺得，這個端午節沒過徹底。

一直以爲杭州人過端午最是認眞，其實，寧波人過端午也不含糊。有一年端午，正好在寧波出差，寧波朋友拉我去她家過節，這才知道寧波人的端午是如此考究。寧波人過端午，除了吃「五黃」，還要吃「六白」，寧波人的「五黃」是指黃瓜、蛋黃、黃魚、黃鱔、黃蛤；「六白」則指豆腐、茭白、小白菜、白條魚、白斬雞、白切豬肉。朋友說，小時候過端午還要熱鬧，要吃「狗頭粽」——像土狗的頭那麼大的粽子，吃時用線分割成幾份。

記得小時候，每到端午，外婆就要包上一堆粽子。端午前兩天，外婆就開始忙碌了，拿醬油、酒、糖將肋條肉醃出一股子醬香來；將赤豆煮爛搗成泥，用豬油和糖攪拌著炒得暗紅油亮；將糯米一粒一粒泡得白胖；將街上買的粽葉洗淨——粽葉一定要新鮮的，新鮮粽葉包出來的粽子，有竹葉的清香，而陳年箬葉，卻無這般好聞的氣息。哪像現在，年輕的主婦多半不會包粽子，要吃粽，超市裡拎幾袋回來。省事是省事，不過，節的味道也淡了很多。

「百里不同風，十里不同俗。」江南人家過的是同一個端午，但吃進口裡的食物卻是「百花齊放」，南邊、北邊各有各的流派，杭州人吃「五黃」，寧波人吃「六白」，而與寧波相近的台州人好像不太作興吃「五黃」，就算吃，也未必湊齊這五樣，吃點黃瓜、黃鱔、雄黃酒，算是意思過了。相反，台州不少地方的人，端午吃的是食餅筒。一到端午，菜場上最熱鬧的地方是糊食餅皮的攤前。糊食餅皮的阿婆埋頭在鏖中攤皮，頭都來不及擡一下，流星趕月般的，在平底鍋上攤出一張張薄如紙片的麵皮。買皮的隊伍排得老長，性急的主婦等不及，不免有點焦躁，阿婆忙不迭地解釋，昨晚半夜就起來，支了食餅皮攤，忙到現在，手還沒閒過呢。

也有吃麥餅和錫餅的。比如千年曙光首照

地的溫嶺，當地人就愛吃麥餅。溫嶺人的麥餅有許多花樣，什麼苧葉麥餅、糯米麥餅、年糕麥餅等，糯米麥餅軟嫩，苧葉麥餅筋道，年糕麥餅爽口，吃起來口味各異。

近代溫嶺名醫趙立民在《好事近》中就提到溫嶺人端午吃麥餅的習俗：「端節又來臨，喜氣瀰漫墟落。爐灶香騰麥餅，冒炊煙椽角。」少年時代在溫嶺，錫餅沒少吃。之所以把這種餅稱爲錫餅，大概取其麵皮薄如錫箔之故。與北邊山區縣做食餅筒的餡料比，溫嶺的麥餅、錫餅的餡料豐富多了，豬肉、豬肝、綠豆芽、豆腐乾、炒蛋、土豆、蘿蔔鹹菜、炒麵、洋蔥自然少不得，因爲溫嶺人有「無魚不鮮，無肉不油，無蛋不香，無綠豆芽不鬆」的說法，除此之外，還有蝦、鯧魚、銀魚、黃鱔、茭白、墨魚，甚至還有蛤蜊肉和彈塗。我爲溫嶺人的口福叫好。

天台人、玉環人，過端午雖然也吃食餅筒，但餐桌上依舊少不得粽子，沿襲著老祖宗的習俗。《中華全國風俗志．天台歲時記》裡，記載著天台人端午以角黍相饋的習俗。當年周天子用來祭祖的粽子，就是角黍，天台的小米粽，就是周天子朝代角黍的沿襲。無獨有偶，清光緒《玉環廳志》則道，玉環人端午以竹箬裹糯米爲角黍互贈。舊時玉環，端午這一天，義子、外甥除了給長輩送粽，還要送黃魚、鰳魚、鱸魚、竹蟶、鯧魚等海鮮。送粽，因爲「粽」、「宗」同音，有過端午不忘祖宗之意。好比冬至吃圓，要的就是闔家團圓的好彩頭。

台州人的端午，吃粽子遠不及吃麥食普及，故台州有「端午吃麥」的說法。我想，台州人的此等習俗，並非迴避來自楚地的傳統風俗，也不是存心要跟老祖宗一脈相承的吃法唱對臺戲，或許這是台州人特立獨行的行事風格所致，就像別地的元宵節是正月十五，台州人非要正月十四鬧元宵，元宵節裡，不吃湯圓，非要吃山粉糊、糟羹、鹹酸粥之類糊糟糟的東西。又比如，別地中秋是八月十五，台州人偏要晚一天放在十六過。這樣想來，台州人過端午，不吃粽子吃食餅筒也就可以理解了——台州人做事，喜歡不按牌理出牌，台州人過節，也喜歡劍走偏鋒。

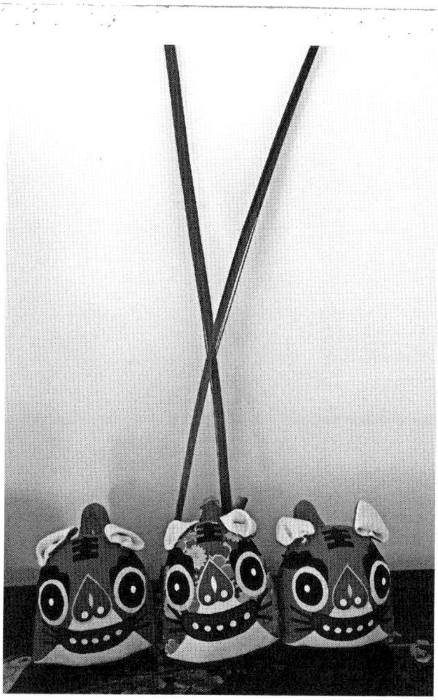

▲江南人家過端午，要插一把艾蒲劍避邪。

江南三餅

紫陽街上的蘿蔔絲餅，外皮炸得金黃，裡頭蘿蔔絲細嫩無比。
梅干菜餅圓圓大大，肉味與菜味交合，鹹中帶甜，越吃越想吃。
寧溪麥鼓有鹹有甜，別有風味。

◎蘿蔔絲餅

臨海的紫陽街是我常去的地方，看到各色的酒幌、老藥店、打鐵鋪、秤店之類，常有時光倒錯的感覺。雖然街是清朝的老街，但我總覺得，《金瓶梅》這樣的故事，有可能發生在這裡。《金瓶梅》裡那些爭鬧鬥氣的事兒，我不愛看，但我喜歡《金瓶梅》裡的吃，有烈火烹油、鮮花著錦般的鬧猛。《金瓶梅》裡一寫到吃，劈頭蓋臉便是「登時四盤四碗拿來，桌子上擺了許多嘎飯，吃不了，又是兩大盤玉米麵鵝油蒸餅兒堆集的」，此外就是「銀廂甌兒，粳米投著各樣榛松栗子梅仁桂白糖粥兒」。而這些好吃的東西，紫陽街上全有。如果一個外地朋友來，你帶他到紫陽街、白塔橋走上一遭，吃了三兩小吃，他對臨海馬上會產生幾分感情，雖不是一見鍾情定終身那般強烈，但卻有才下眉頭卻上心頭的纏綿。

早些年，紫陽街上有一種蘿蔔絲餅，味道眞是不一般的好。外面炸得金黃，裡面的蘿蔔絲卻細嫩無比，咬一口，熱乎乎，香噴噴，還有絲絲的甜味。如此美味的蘿蔔絲餅，不多吃幾只怎麼對得起它呢？慚愧，一見到好吃的，我等貪吃鶩的本性就會暴露無遺。論起我在吃上的壯舉，吃幾只蘿蔔絲餅還眞不算什麼，有一年到東北，與同事打賭吃東北餃子，我「竟然」吃下三十只東北餃子，同事輸了，乖乖鑽到桌子下。

蘿蔔絲餅美味，但作法簡單，白蘿蔔洗淨切成細絲，將瘦豬肉切細，和蘿蔔絲調成餡，放入鐵絲模子，舀一勺麵糊，倒入鐵絲模子中，連模子入油鍋炸至金黃即成。蘿蔔可健胃、理氣、消食，不是有句話嗎，「冬吃蘿蔔夏吃薑，氣得大夫滿街走」。

我吃過最好吃的蘿蔔絲餅，是在臨海吃到的。上海也有蘿蔔絲餅，上海人把蘿蔔絲餅叫成油墩子，一點創意也沒有；上海人把拖布，也叫成墩布的。

◎梅干菜餅

麗水的縉雲燒餅很出名。這縉雲燒餅其實就是我們這裡的梅干菜餅。在大街小巷，經常可以看到這樣的情景：路邊一個簡陋的爐子旁，圍著一群放學回來的孩子，他們眼睛盯著爐子，咽著口水，翹首以待的，不是龍肝鳳髓，而是一種再普通不過的小吃——梅干菜餅。

在全國各地擺燒餅攤的，不是麗水縉雲人，就是台州仙居人。燒餅是這兩地最具代表性的小吃。一張做餅的木桌，一個油桶改裝成的爐子，爐芯是用泥土壘的，就是他們的全部家當。他們手腳麻利，一眨眼工夫就做成一只餅，右手托餅，兩面沾點水，以迅雷不及掩耳之勢，把薄餅放進壁爐裡，等上兩分鐘，用餅鉗一夾，噴香的梅干菜餅就出爐了。

梅干菜餅圓圓大大，裡面有梅干菜、精肉、蔥花，剛烘出爐時，熱乎乎的，冒著氣，乍一看，長相之醜令人絕倒，圓圓的黃麵餅上，東一塊黑，西一塊焦，不過，咬一口，酥香可口，香氣滿溢，脆而不硬，肉丁酥香，肥而不膩，精色烏黑油亮，菜肉香氣濃郁，肉味與菜味交合，鹹中帶甜，越吃越想吃。

我小時候認爲，天下最好吃的餅，就是梅干菜餅。一直到現在，吃過各式各樣的餅，我還是堅持認爲，梅干菜餅的美味，天下無雙。一個新疆朋友老跟我吹他們的饢，說他們的饢如何如何的。他到江南來，我請他吃梅干菜燒餅，他吃了一個，還要。吃完後，從此不在我面前提新疆的饢了。

記起慈禧太后的一個小故事。這個霸道的女人對小吃相當講究，因御廚趙永壽做的肉末燒餅好，賞給他花翎一枚、白銀二十兩。如果慈禧太后當年吃到的是江南的梅干菜餅，賞錢沒準會加上一倍。

◎麥鼓

燕啊燕，飛過天。
天門關，飛上山。
山頭平，好種菱。
菱角出，好種粟。
粟頭搖，搖過橋。
橋上打花鼓，橋下掮麥鼓。

寧溪的二月二燈會很有名，同樣出名的，是它的麥鼓。

上面這首台州童謠裡，就寫到台州的小吃——麥鼓。寧溪的麥鼓相當出名。早些時候，寧溪朋友跟我提到麥鼓時，我還以爲是火燒餅之類的小吃，春三月到寧溪踏青，嘗到了麥鼓，才知道，大名鼎鼎的寧溪麥鼓，原來就是

▲ 大雪節氣一到，鄉間就開始醃製土豬肉，為過年做準備了。

麥餅。

寧溪麥鼓有鹹有甜，甜的餡是用紅糖和芝麻做的，鹹的是梅干菜、蘿蔔纓，再加入豬肉、蝦皮、蔥花等。餡裡的豬肉，其實是當地農民自醃的臘肉，這種臘肉是用農家自養的土豬肉醃製的，有別樣的鹹香，我大概只有在湖南吃過這麼香的臘肉。寧溪的麥鼓出名，跟做餡的臘肉有關，現在很少有這麼鮮美的臘肉了。至於梅干菜、蘿蔔纓，也是當地村民自己加工的，當然別有風味。

我一直沒搞清楚寧溪麥餅爲啥叫麥鼓，後來看寧溪人烙麥鼓——麵餅放在鏊盤裡烙，臘肉的油慢慢滲出，空氣中散發臘肉特有的香味，再烙幾分鐘，這餅的中間受熱膨脹，慢慢地鼓了起來，難怪稱之爲麥鼓。

江南三糕

▲番薯慶糕。

天台的糯米蛋糕，在台州糕點裡，最爲香甜軟糯的一種。番薯慶糕是長潭水庫邊上的特色小吃；年糕的韌勁、油條的鬆脆、豬肉的鮮香，盡在一筒溫嶺夾糕中。

◎天台水晶蛋糕

我比較喜歡看《醒世姻緣》，一個個世俗的故事，構成明末斑駁陸離的社會世相，用詞也是一味地平民化，沒有詩情畫意，處處透著「實在」二字。比如，小官員討了兩個妾，名字就叫「荷葉」、「南瓜」，理由竟是那麼簡單，因爲「荷葉南瓜都是會長大葉的」，若換成《紅樓夢》，肯定叫成「襲人」、「可人」之類。

二十年前，五月麥子黃時，我第一次到天台，在天台國清賓館，吃到天台的糯米蛋糕，覺得此糕只應天上有，細膩、柔潤、甜糯、溫潤，簡直不知用什麼詞形容好。我可以負責任地說，不管什麼樣的人，不管怎樣堅硬的心，吃了天台的糯米蛋糕後，一顆心也會變得柔軟起來。

印象中，天台的糯米蛋糕，在台州所有的糕點裡，是最爲香甜軟糯的一種。在那些四星五星酒店裡，糯米蛋糕通常被寫成「水晶蛋糕」，不過實在的天台人，左一聲右一聲還是叫它「糯米蛋糕」，一點不玩虛的。所謂的「糯米蛋糕」，從字面上也可理解，是用糯米粉加上雞蛋、白糖做成的。如果換成上海人或者別的什麼地方人，因爲這糯米蛋糕看上去像羊脂白玉，沒準會叫成白玉糕或羊脂糕。依我看，叫什麼不要緊，好吃就是硬道理。一個醜女，名字改成「美麗」，姿色不見得會多一分。你把黃泥巴叫成「黃金糕」，沒用。一塊糯米蛋糕，你隨便叫它一聲「餵」，照樣好吃。

西式糕餅店裡，有一種叫提拉米蘇的，小資們很是推崇，認爲味美無雙，其實，除了香味，提拉米蘇的口感鬆鬆垮垮，遠不及天台糯米蛋糕的香糯。

◎黃岩番薯慶糕

台州的糕點很多，有鬆軟的酒盞糕、水晶糕，還有硬如磚瓦的硬板糕。溫嶺有種神童門硬糕，硬得簡直像是磚頭，咬一口，只啃下「磚頭」的一個小角。

臨海的酒盞糕，玲瓏秀美，糕點上綴著鮮紅或碧綠的粉絲，不愧是產自歷史文化名城，風月無邊，精緻得像藝術品。如果說臨海的酒盞糕是陽春白雪，那麼黃岩的番薯慶糕，就是下里巴人。

番薯慶糕是長潭水庫邊上的特色小吃，黃褐色，是把番薯切絲、晒乾、研磨成的，這種粉，就是俗稱的「番薯絲粉」。

在番薯絲粉中摻入糯米粉和紅糖，放入小蒸籠，熟後，撒上金黃的糖桂花、黑色的芝麻粒，番薯慶糕就可出籠。從它上蒸籠的過程看，番薯慶糕應該叫成「番薯蒸糕」才是，寫成慶糕，約是爲了討口彩吧！

粗糧細做的番薯慶糕，包含著稻麥香，這種氣味，像是山野的氣息，質樸如鄉人。它的顏色，不是潔白，也不是金黃，而是黃褐色，接近於大地的顏色。

三月到長潭，少不得看桃花，吃胖頭魚，當然，番薯慶糕，也是一定要吃的。如果來點家釀土酒，那更好。這幾樣東西，如果少吃一樣，貪吃饕們會覺得，生活中還欠缺點什麼。

◎溫嶺夾糕

離開溫嶺很多年了，對溫嶺的夾糕，仍然念念不忘。

說是「夾」糕，實際上，寫成「嵌」字更合適。溫嶺的夾糕，跟平常鬆軟的糕點有很大不同，它實際上是對年糕吃法的一種創意——至少我在別地，從來沒有見過年糕是可以這樣吃的。但溫嶺人就是有創意，把石臼搗成的熱氣騰騰的鮮糕段，使勁揉成薄餅狀，按個人口味，從攤前長桌放熟菜的臉盆裡，撮入炒米麵、油條、綠豆芽、馬鈴薯絲、豬肉、芹菜、洋蔥等，然後，把年糕黏成筒狀，美味的嵌糕就做成了。一口下去，年糕的韌勁、油條的鬆脆、豬肉的鮮香，盡在一筒夾糕中。

典型的溫嶺人的早餐，似乎就是一份夾糕，外加豆麵碎、豆腐生，方便又耐餓。我的一位朋友，在外混得風生水起，每次回家鄉省親，不愛在星級酒店吃千篇一律的自助早餐，喜歡到尚書坊、貪吃街的石板屋、文化橋吃夾糕。他說，在外工作那麼多年，吃到夾糕，才找回一點做溫嶺人的感覺。

多年前，曾經採訪過一位旅居海外的溫嶺老華僑，這位僑界領袖跟我說起小時候吃過的豬肉嵌年糕，還是一往情深的樣子。算起來，他離開家鄉已經一個甲子。每次回到家鄉，他要做的第一件事，就是要份夾糕，美美地吃上一頓，想來，這夾糕裡，包含著遊子多少思鄉的滋味啊！作家古清生說得極是：「在童年喜歡上的口味，再難以改變，那種味道的記憶，很難從心靈中被格式化掉。所以，味覺是故鄉給出門人裝置的終生的味道識別系統，帶著這個識別系統，人們在飯桌上就很容易地分別出是故鄉還是異鄉。」

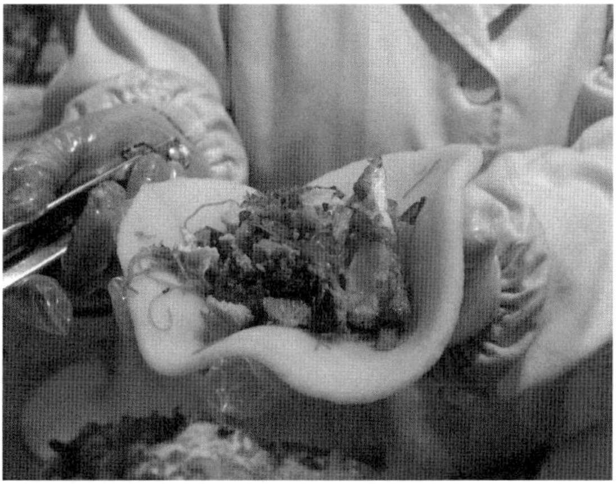

▲溫嶺夾糕，東北人稱它為江南大餃子。

天台麵食，江南第一

江南諸地，哪裡的麵食最好吃呢？說句舉賢不避親的話，應該是天台的麵食。

說到麵食，不由讓人想起陝西和山西兩地，這兩地的人極喜歡吃麵。陝西人有一句俚語「一碗燃麵喜氣洋洋」，與之相對應的則是「不吃麵條臉吊多長」，還有一句是「打到的媳婦揉到的麵，米脂的婆姨綏德的漢」，把飲食男女都概括到一塊。而山西的麵食更是聲名遠揚，山西有上百種不同的麵食，我曾經在山西太原著名的老店晉陽飯店品嘗過晉陽的麵食

刀撥麵、搓魚兒、河撈麵、莜麵栲栳栳等，果然名不虛傳，戴高帽子的麵點師傅們就在現場拉開架式，揪的揪，拉的拉，玩雜耍般地表演著飛刀削麵、手拉龍鬚麵、轉盤剔尖等麵藝，讓人眼福口福盡享，難怪有「天下麵食數太原」的說法。

天下麵食數哪裡，天下之大，不太好說，但江南麵食數天台，應該不會錯。

天台麵食之豐富多彩，實爲北方移民南下故也。天台雖是越地，但山越人早已在東吳時就差不多被趕盡殺絕了。東晉與南宋的兩次北方大移民，是現在天台居民的基礎。北人多麵食，加以天台地多田少，適宜種大小麥，所以才有此種傳統。

天台的麵食實在不少，最有名的有餃餅筒、糊拉汏、扁食、麥餅等，至於麵條、饅頭、包子、餃子之類的大眾麵食更不在話下。就算再普通不過的麵條，天台人也有標新立異的作法，天台的雞子麵就與別處不同，以鮮雞蛋汁代水和麵粉擀成，燒熟後筋道十足，再澆上佐料，色香味俱全。天台人常用雞子麵招待姊丈（即女婿）或貴賓。這種手打麵非常好吃，充滿精氣神，不像什麼筋鬥麵之類的軟綿綿、濕答答沒有一點力氣。而糊拉汏，則把麵粉往鑊底均勻一攤，撒上蔥花、豬油或豆腐、洋芋絲，考究點的撒上雞蛋汁，吃起來別有風味。有個寫詩的天台男人失戀了，神情慽慽，吃了家鄉的小吃糊拉汏後，霍然而愈。

天台的麥餅也很值得一提。天台有一首叫《麥叫歌》的童謠——「大麥黃黃，小麥黃黃，攤個雞子麥餅請大王。大王老倌一個屁，大小囝孫搶勿及，搶到上道地，搶到下道地，吱叫，嘭叫，隨即便會響。」（麥叫：小孩用麥稈做的哨子。道地：院子。）請大王不用山珍海味，而是雞蛋麥餅。天台的麥餅很好吃，有肉丸糊麥餅、雞蛋麥餅、冷飯麥餅。麥餅哪裡都吃得到，讓我奇怪的是天台人標新立異的吃法，吃麥餅時，一定要用三根筷子撕扯著吃，左手以一筷壓住餅，右手用一雙筷撕來吃。天台人說，這種吃法證明天台很有人文底蘊，他們說天台立縣之初，正是三國鼎立之時，三筷即代表三國，而麥餅代表完整的河山。他們說得認眞，愛鑽牛角尖的我發問道：「撕了麥餅，是不是意味著山河破碎呢？」問得在座的天台人個個大眼瞪小眼。

更值得一提的是天台的糊拉汰，又香又鬆脆，攤上蔥花雞蛋、南瓜絲、洋芋絲、碎豆腐，再來點豆瓣醬、吃了一個還不夠，吃了一雙還想吃，直到吃撐著爲止。

正宗的天台人隔三岔五要吃餐麵食，似乎吃了麵食就接上了地氣，就有了力氣。在外省工作的天台人，一說到麥餅、餃餅筒、糊拉汰、扁食之類，往往心念之、神往之，這麵食幾乎等於鄉愁了。小吃又名風味小吃、傳統小吃，可見，小吃傳承著一個地方的風俗文化和民情，並不是僅僅一個吃字那麼簡單。

天台人比較實誠，從小吃裡也可以看出。比如餃餅筒吧，包得鼓鼓囊囊的，胃口不大的，吃下一個肚子就飽了。又比如扁食吧，扁食裡面裹著肉丁、筍、豆腐乾、花生米、蘿蔔丁等，飽滿的餡撐得麵皮都鼓出來，像穿著緊身衣的胖女人。而這兩樣東西出了台州，體形都變苗條了，尤其是餃餅筒，變成了小巧玲瓏的春卷，中看不中吃，吃上十個八個也塡不飽肚子。

天台人喜歡過大口吃肉、大口吃麵的生活，對海鮮則不太感興趣，別人花上千塊錢請他吃海鮮，吃完後他意猶未盡：淨是殼呀骨頭呀，哪塡得飽肚子。所以，大凡請天台人吃飯，山珍海味後，上一道麵食不會錯，既塡他肚子又塡他嘴巴。

你不能說天台人喜歡吃麵食就是沒品味，蔡瀾是作家、電影人，又是公認的美食家，港姐李嘉欣說蔡瀾是「品味最好的男人」，可這個「品味最好」的男人一天中不能沒有麵條。可見喜歡麵食，無關品味，而關乎口味，天台多山，山地適合種麥子，麵食之豐富也就源於此。關於麵食，海子寫道：「我最愛煮熟的麥子／誰在這城裡快活地走著／我就愛誰。」呵，我亦如此。

天台麵食不少，一般家庭主婦隨隨便便都會做上十來種的麵食，同一個麵團底子可以做出不少花樣，不少天台人家中備了鑊、鏊盤之類的鐵傢伙。正宗的天台人請客時，往往會叫上一大幫人到他家吃餃餅筒——一個天台人如果把你當「沒裡外」的自家人，不是在飯館酒店請你，而是叫你到他家裡吃上一頓餃餅筒。最講究的餃餅筒是「五虎擒羊」（多麼有血性的名字！非文縐縐的「春卷」可比），就是在餅皮裡放豬肉、豬肝、蛋皮、煎豆腐等的切片，和用金針菇、木耳、粉絲、筍絲等炒在一起的素雜燴，有人喜歡包好就吃，又軟又有味，但天台人喜歡放點油在鏊盤上烤成「兩面黃」。在街上賣的一元一筒的餃餅筒，裡面淨是麵乾，不得「五虎擒羊」餃餅筒之正傳也，還是不吃爲好，以免壞了天台餃餅筒之一世英名。

▲冬天，浙江天台鄉間兩棵靜美的樹。

江南刀削麵，麥蝦

麥蝦是最具代表性的臨海小吃，也是很有「欺騙性」的一種小吃。

臨海的麥蝦其實是麵疙瘩，我戲稱它爲江南刀削麵，因爲它跟山西的刀削麵一樣，都是用刀將麵團削下的，所不同的是，山西的刀削麵，麵粉是揉成團的，一塊薄鐵皮，如流星趕月般，將麵團一條條削下；而麥蝦，是將麵粉攪拌成粉漿，然後用菜刀，將粉漿一刀一刀「割」下，故臨海人稱之爲「割」麥蝦。割下的粉漿不是細長如柳條，而是一小坨一小坨，狀如彎曲大蝦，故稱爲麥蝦——這個稱呼相當的寫意。我覺得，光這個名字，就能體現出「千年台州府，滿街文化人」的水平。眞的，如果麥蝦在北方，保不準被心眼實誠的北方人喚作「刀割麵」。我在河南，見過一種麵，就被喚作「刀鍘麵」，這樣的叫法，感覺到幾絲暴戾之氣。我們鄰縣的嵊州，將麥蝦稱爲「麥雞娘」、「篤果」、「麥挾果」，像小孩子扮家家酒似的，哪有我們的麥蝦詩意又響亮呢。

麥蝦在台州早已遍地開花，隨便在哪條小吃街上，都少不了麥蝦店。甚至杭州、寧波等地，也有了臨海的麥蝦店。不過，這個店那個店，最有名的麥蝦店在臨海紫陽街邊上，名叫雙平麥蝦店。

說到紫陽街，那是台州最有看頭、最有吃頭的古街，街頭的白塔橋飯店爲老臨海人推崇，我在這裡吃過熱乎乎的甜酒釀、剛出爐的梅干菜餅、又鬆又脆又香的蔥油燒餅，還吃過甜甜蜜蜜的蛋清羊尾。

但是，名頭最響的，莫過於雙平麥蝦店的麥蝦。春夏秋冬，不管哪個季節去，這裡永遠是人頭攢動。前些年，在它的斜對面曾經開過一家蘭州拉麵，但是所向披靡的蘭州拉麵，沒多久就敗在麥蝦的手裡，最後關門了事。

麥蝦店裡那個高高大大的老板，讓人印象頗深，雖然他只是小吃店的小老板，但是頗有生活情趣，是個騎行愛好者，不幸的是，他去鄉下賞紅葉，騎著登山自行車摔下山崖喪生了，本地幾家報紙都發了消息。如果不是因爲讓人叫絕的麥蝦，一個小吃店小老板的意外喪生，斷然不會像名人之死一樣，占據本地媒體的各個版面的。前些年，我在雙平麥蝦店吃麥蝦時，都是這個高大的老板親自操刀割的麥蝦，別看他長得五大三粗，站在店門口，像尊門神，但割起麥蝦來出手奇快，將麵盆稍稍傾轉，菜刀在盆沿飛舞，一條條一片片厚實的麵疙瘩紛紛落入滾燙的鍋中，在鍋中活蹦亂跳，像活潑伶俐的浪裡白條。碰到個把騷客文人，說不定邊看邊詠出幾句酸詩來——「一片兩片三四片，五片六片七八片。九片十片十一片，落入湯中變蝦麵。」

雙平麥蝦店的麥蝦好吃，跟老板割麥蝦的刀工有關，當然也跟配料有關。過去麥蝦的作料是青菜、蘿蔔絲，有幾粒豬油渣就算奢侈了。現在麥蝦的配料那是相當豐富，有黑亮的香菇、象牙白的蘿蔔絲筍絲、鮮紅的肉絲、青綠的蒲瓜絲，還有小白蝦、蟶子或蛤蜊，不過雙平麥蝦店歷來只賣牛肉麥蝦，起鍋後的麥蝦上面澆一層牛肉末，味道十分鮮美，麵疙瘩筋道又滑潤。有人喜歡吃辣，就舀一勺他們家自製的牛油辣醬進去，吃得稀里嘩啦，直叫痛快。雙平麥蝦店賣的滷菜也很好吃，有螺螄、雞爪、雞肫、牛筋、豬肝。對於愛吃雞零狗碎的我來說，雙平麥蝦店的吸引力不只是麥蝦，還有這些雜碎。

我覺得江南麵食裡，麥蝦的口味最好，上海人開口閉口陽春麵，杭州人開口閉口片兒川，要是吃了臨海的麥蝦，保證他們不再吭聲。

薑湯麵，無薑不香

江南人對薑湯麵有特別感情的，首推台州人。不知何時起，這婦女坐月裡吃的薑汁薑湯麵，成了台州大街小巷的風味小吃了。

中華五大麵食中的山西刀削麵、北京炸醬麵、武漢熱乾麵、四川擔擔麵、揚州伊府麵，我都嘗過，老實說，只有山西刀削麵尚對胃口，但它比起台州的薑湯麵來，色香味還是有差別。

薑湯麵是台州的代表性麵食，它的精彩之處除了豐富的澆頭（有蝦乾、豬肉絲、筍絲、香菇、金針菜、荷包蛋、豆腐皮子、青菜、蟶子等），還在於它微辛濃郁的湯——帶著薑汁特有的香味，呵，去年一碗薑湯麵，讓人思念到如今。

台州的麵是質樸的、低調的，沒有華而不實的招牌，麵店多開在陋巷之中，嘈雜簡陋不說，裝潢多不起眼，甚至連個招牌都沒有，靠的是以味道吸引回頭客。台州幾家口碑頗好的麵店，不是靠炒作，而是靠貪吃饕的味蕾發掘出來的。民間食客云，要吃麥蝦，到臨海白塔橋頭；吃薑湯麵，到椒江老城區或路橋賣芝橋。

貪吃鶩們說，要吃到正宗的小吃，只有深入大街小巷，此言不虛。看那些賣薑湯麵的小麵店，油膩的灶臺上，陳年老油可以刮下一層，竹籮上擺著麵條，上面蓋著發灰的紗布。臊里吧唧的大老爺們兒，腰身發福的中年大嫂，就是這麵店的主人。店裡的爐灶永遠是熱的，抓幾把菜入鍋，「咻」的一聲，煙火氣撲面而來。三下五下的，作料半熟，香味出來，「嘩」地倒入薑湯，片刻，濃郁的薑湯味，就在老城區的黃昏中升騰起來。

要知道，薑湯麵無薑汁不香，這些地方的薑湯麵，薑汁特別濃，據說考究些的，做薑湯麵前先將薑切片晒乾，將薑乾放入鍋中，放入適量的水，先旺火後溫火，熬上兩個時辰才能熬出薑的醇味。當然更多的店爲了省時間，往往直接榨取薑汁。

店小客多，店裡僅有的幾張四方桌經常坐得滿滿的，有人索性掇條骨牌凳坐到過道上。

薑湯麵上桌了，米麵白裡透亮，薑湯熱氣裊裊，澆頭綠肥紅瘦，看著這眞材實料的薑湯麵，覺得台州人就是實誠。不像在大城市的麵店吃麵，環境宜人，服務員漂亮，只是麵上來後，點綴著歷歷可數的幾片牛肉、幾根青菜，筷子一夾便剩大半碗清湯，端的是花架子。有一次到上海出差，入住五星級的大酒店，叫了一碗雲吞麵，幾根麵條加幾只餛飩，吃了兩口，不入胃，放下了，結賬時，漂亮但冷若冰霜的女服務員收了我七十五元錢，另加百分之十五的服務費。

我喜歡聞薑汁的味道。《紅樓夢》云：「性防積冷定需薑。」說的就是薑。聞著薑汁的香味，人頓覺放鬆。薑湯以老薑加黃酒燒熟切片晒乾後，加水熬製而成。鹹甜微辣的美味薑湯和著米麵，一咕嚕地吃下去，有說不出的暢快，一桌子的人吃得稀里嘩啦，吃著吃著，不由得寬衣解帶——幾口薑汁下肚，沒有不出汗的。食客中有學生，有時尚女子，還有幾條粗黑壯實的漢子在拚酒，讓人想起武俠小說裡大俠與殺手出沒的市井陋巷。

薑湯麵原是臨海等地女子坐月子的主食，臨海和椒江、路橋一帶的女子，據說坐月子時非得喝薑汁吃薑湯麵、薑米泡飯不可。我的一個朋友是椒江人，嫁給天台人，坐月子時婆婆按天台風俗整日給她吃豆腐皮燉蛋，而不是薑湯麵，現在孩子都上高中了，她還覺得月子裡沒吃到薑湯麵虧得慌。一遇雨天胳膊痠疼，她就抱怨，說是因爲沒喝薑湯麵祛濕落下的病根。按我朋友的說法，坐月子吃薑汁，這是祖上傳下的規矩——「婦女坐月裡，每日飯後服乾薑汁與紅糖，謂能活血、祛寒、補虛；食炒米飯、薑湯麵，禁食鹹味。親友上門看望，端薑茶敬奉。」什麼東西擱上「祖傳」二字，就輕易破除不得。她說得也有理，因爲《本草綱目》對生薑也是推崇備至的，認爲它能通神明，除風邪寒熱。

巧的是，廣東的產婦坐月子也吃甘醋煮薑，俗稱豬腳薑。《廣東新語》記道：「粵俗，凡婦娠，先以老醋煮薑，或以蔗糖芝麻煮，以罈貯之。既產，則以薑醋薦祖餉親戚。婦之外家亦或以薑酒來助，名曰薑酒之會。故問人生子，輒曰薑酒香未？薑中多母薑則香，多子薑則否。白沙詩：隔舍風吹薑酒香。」這個陳白沙是個有意思的人，聞到產婦家傳來薑酒的香味，也會大發詩興。

不知何時起，這婦女坐月裡吃的薑汁薑湯麵，成了台州大街小巷的風味小吃了。大凡濕氣重的地方，薑汁之類就很有市場，椒江地處沿海，屬濕重之地，所以薑湯麵在椒江盛行也就不奇怪了。薑湯有解寒、發汗功能，我每遇淋雨頭疼，或受了風寒，或胃有滯脹，便喝碗薑湯麵，吃後，有霍然去病之感。前些年，雜文家鄢烈山來台州，偶染風寒，我建議他喝薑茶、吃薑湯麵，果然，熱熱的薑汁一下肚，汗一發，感冒霍然而去。他問我是否摻有中藥，我詭祕一笑，笑而不答。

其實，除了薑湯麵，跟薑汁有關的薑汁核桃蛋和醇香薑汁也是噴香可口的美味小吃，後兩樣，大酒店裡多半有，做得水準不錯。唯有薑湯麵，非得到弄堂小巷裡才能吃到正宗夠味的。薑湯麵中還有一種叫跳魚薑湯麵的，特別的香濃鮮美。

▲濕重之地，吃薑湯麵十分盛行。

臘八粥．五味粥

小寒大寒，總會趕上「臘八」。農曆十二月初八的臘八節，最重要的食事就是喝臘八粥。

臘八粥，也叫五味粥。

喝臘八粥是南北都盛行的食事。《紅樓夢》中說：「世上的人都熬臘八粥。」金庸的《俠客行》裡寫道，武林高手在臘八這一天，都要去那俠客島上吃一碗臘八粥。看來，一到臘八，從南到北，都想著要喝一碗粥，習俗的力量比頑石更堅固。

我的一位朋友，大學哲學教授，也是一名居士，他說，與禪最親密的是茶，而與佛最接近的，就是粥。對此，我是信的。臘八粥又稱佛粥，相傳佛祖釋迦牟尼是在臘月初八這天悟道成佛的。故這一天，佛寺僧眾都要誦經演法，取香谷及果實等造粥供佛齋僧，以示紀念。手頭有一本南宋周密的《武林舊事》，裡面寫到臘八粥：「八日，則寺院及人家用胡桃、松子、乳蕈、柿、栗之類作粥，謂之『臘八粥』。」有一年的臘八節，我正好在天台國清寺，喝到了寺裡的佛粥——國清寺的佛粥，以紅棗、桂圓、赤豆等果子煮成。在清淨的寺廟中，細細啜飲臘八粥，頗有幾分禪意。

臘八粥實際上是大雜燴，各色黃紅果實雜陳，清人富察敦崇在《燕京歲時記．臘八粥》說：「臘八粥者，用黃米、白米、粳米、小米、菱角米、栗子、紅豆、去皮棗泥等，合水煮熟，外用染紅桃仁、杏仁、瓜子、花生、榛穰、松子及白糖、紅糖、瑣瑣葡萄，以作點染。」燕京人過臘八，粥裡有林林雜雜十來種的果實，冰心回憶小時候喝過的臘八粥，裡面的作料就很豐富：「從我能記事的日子起，我就記得每年農曆十二月初八，母親給我們煮臘八粥。這臘八粥是用糯米、紅糖和十八種乾果摻在一起煮成的。乾果裡大的有紅棗、桂圓、核桃、白果、杏仁、栗子、花生、葡萄乾等等，小的有各種豆子和芝麻之類，吃起來十分香甜可口。」

我喜歡喝臘八粥，小時候，每到臘八這一天，外婆都會熬上一鍋臘八粥，文火在鍋底徐徐綻放，粥在鍋裡噗噗地滾著，特有的香味在空中瀰漫。濃稠的粥裡，混和著金黃的小米、白胖的糯米、圓潤的蓮子、暗紅的乾棗、深紅的赤豆、牙白的扁豆。喝上一口，稠乎乎、熱燙燙、香噴噴。我有很多年沒喝到這樣的粥了。

中國人年節的吃喝裡，寓意是很多的，比如冬至吃圓，意謂闔家團圓，臘八喝粥，是對來年風調雨順的祈盼。

除了臘八喝的臘八粥，天台人愛喝的粥裡多了一樣五味粥，這五味粥不是在臘月初八那日喝，而是正月初一。天台朋友說，天台山里人正月初一是一定要喝五味粥的，天台人認為，在年初一早上吃了五味粥，就會招來五福。

有意思的是，天台男人平日裡幾乎不下廚，那些天台大男人說話氣勢如虹，他們說，男人下廚房，「倒牌子」。不過，初一這一天，不分城裡鄉下，天台男人都會起早煮五味粥，這當然不是天台男人在這一天良心發現，要替女人分擔家務，而是另有講究。在天台，燒五味粥是男子的專利，主要是因爲男子屬陽，春天漸近，陽氣漸足。陽氣足，意味著一年收成好。二來也顯示男主人地位之尊。另外，主婦忙碌一年，年初一男主人下廚燒頓五味粥，也算是表示對主婦的體恤。

天台人好像比較喜歡「五」，食餅筒是「五虎擒羊」，粥又是五味粥。天台人實誠，說是五味粥，眞的有五味作料，以紅棗、番薯、芋頭、赤豆、豆腐加米熬成，取五谷豐登之意。紅棗、赤豆都是紅色，取正月初一開門紅之意。五味粥煮好後，再炒個八寶菜——將燒菜、木耳、豆腐乾、金針菇、雞蛋絲、香菇、筍絲、海帶八種菜炒在一起，然後點香燃燭，請灶君神佛，將灶王爺供得肚皮滾圓。祭了灶王爺，再祭祖宗，然後闔家開食，一家人咬一口烤得焦黃的食餅筒，再喝一碗五味粥，過點八寶菜，從胃到心，都很踏實。

嫁與天台人爲媳後，我已經喝了很多回五味粥。初時很喝不慣這鹹鹹甜甜的五味粥，而這麼多年下來，我已經習慣了這種味道，這就像婚姻的眞諦，回顧攜手走過的婚姻之路，留在記憶最深處的，是甘苦與共的歲月，那滋味，像極了五味粥，有鹹，更多的，是甜。

靈感生活系列-①

無鮮勿落飯～最是江南好滋味

時報書碼：Z000118

作　　者　王　寒
監　　製　汪海英・夏若雲
企　　劃　胡珊珊
攝　　影　王　寒
插　　畫　鄭思佳

發 行 人　李富格
主　　編　張尊禎
美術編輯　張小珊
封面設計　石頭歌
製 作 部　美雲
國際版權　張毓玲

出 版 者　邁可里歐企業有限公司
地　　址　新北市汐止區湖前街110巷97弄20-3號10樓
電　　話　02-2690-9900 (e-mail: nazki888@qq.com)

總 經 銷　時報文化出版企業股份有限公司
地址—桃園縣龜山鄉萬壽路2段351號
發行專線—（02）2306-6842
讀者服務專線— 0800-231-705・（02）2304-7103
讀者服務傳真—（02）2304-6858
郵撥— 19344724時報文化出版公司
信箱— 台北郵政79－99信箱
時報悅讀網—http://www.readingtimes.com.tw

初版一刷　2016年8月
定　　價　新台幣260元
ISBN　978-986-93557-0-4

國家圖書館出版品預行編目資料

無鮮勿落飯-最是江南好滋味／王寒著, --初版 -- 新北市;邁可里歐企業有限公司

256頁, 14.8 x 21公分

ISBN: 978-986-93557-0-4（平裝）

1.散文 2.美食 3.生活

Printed in Taiwan.

HY E-READING
华云数字

本書由杭州夏樹文化傳播獨家代理・浙江華云數字科技有限公司(閱文集團)正式授權
感謝--浙江工商大學出版社、“魅力台州”微信公眾號、“文化咖微信公眾號”